KB169345

수업, 슬로리딩과 함께

수업, 슬로리딩과 함께

1판 1쇄 발행 2017년 5월 28일
1판 3쇄 발행 2019년 10월 31일

지은이 박경숙·강슬기·김정욱·장소현·강민정·전혜림·이혜민
펴낸이 김승희
펴낸곳 도서출판 살림터

기획 정광일
편집 조현주
디자인 김경수

인쇄·제본 (주)현문
종이 월드페이퍼(주)

주소 서울시 양천구 목동동로 293, 22층 2215-1호(목동, 현대41타워)
전화 02-3141-6553
팩스 02-3141-6555

출판등록 2008년 3월 18일 제313-1990-12호
이메일 gwang80@hanmail.net
블로그 http://blog.naver.com/dkffk1020

ISBN 979-11-5930-039-4 (03170)

초등학교 전 학년 슬로리딩 수업 이야기

수업,
슬로리딩과
함께

박경숙·강슬기·김정욱·장소현·강민정·전혜림·이혜민 지음

살림터

아이들을 위한 도전은
아름답다

'슬로리딩, 흔히 해 오던 독서 교육 방법 중 하나가 아닐까?'라는 생각으로 슬로리딩 수업을 접하게 되었다. 북아트나 독서 감상문 쓰기, 인물에게 편지 쓰기 등 독후 활동 중심의 독서 프로그램들은 익히 알고 있어 슬로리딩 수업도 그와 비슷하지 않을까 하여 큰 기대는 하지 않았다.

왜냐하면 각 학교나 교실에서 실시하는 독후 활동 중심의 독서 프로그램들은 오래전부터 행해지고 있으나 우리 아이들은 몇몇을 제외하고는 여전히 책 읽기를 싫어하고 책 읽는 수준이 그리 높아지지 않고 있음을 알기 때문이다.

독후 활동 중심의 독서 프로그램뿐 아니라 국어 책에 수록된 많은 읽을거리와 문학 작품으로 공부를 해도 책 읽기를 대하는 우리 아이들의 마음을 바꾸어 놓기는 쉽지 않다. 전문가들이 고심을 하고 검증을 거쳐 교과서에 실은 그 글들로 공부를 하지만 아이들은 책을 멀리하고 책으로 사고하기를 어렵게 느낀다.

수능을 잘 보기 위해서, 보고서를 잘 쓰기 위해서와 같이 수단으로서의 책 읽기는 장기적인 독서 습관을 만들지 못하고 독서를 따분하고 지루한 것으로 여기기 쉽다.

삶의 길잡이가 되는 책, 책 읽는 것의 재미를 알게 해 주는 그런 소중한 책을 우리 아이들에게 만나게 해 주고 싶었다. 그 어느 때보다 물질적으로는 풍요롭지만 정신적인 허기를 많이 느끼고 있는 우리 아이들이 아닌가?

반짝이는 보석이 지천으로 널려 있는데 그것을 주우려 하지 않는 사람이 있을까? 책은 우리를 깨우침으로 희열하게 하고 삶의 멋을 직접적으로 맛볼 수 있게 하는 보물과도 같다. 희소해서 개인이 갖기 어렵고 설령 가진다 해도 공허함이 남는 값비싼 보석에는 매달리면서도 정작 언제든지 가까이할 수 있는 깊은 울림과 기쁨을 주는 책이라는 보물에는 무관심한 것이 무척 안타까웠다. 우리 아이들에게 책이라는 보물을 안겨 주고 싶은 마음에서 슬로리딩 수업을 시작하게 되었다.

슬로리딩 수업으로 아이들이 책을 가깝게 느끼고 책의 힘으로 성장하게 할 수 있었다. 슬로리딩 수업을 실천한 선생님들은 아이들이 책을 좋아하게 되고 책 내용을 함께 진지하게 이야기 나누는 모습을 보며 정말 행복하다고 한다. 또 아이들이 글을 읽는 힘을 길러서 다른 학습을 위한 든든한 도구를 마련하는 모습을 눈앞에서 확인하게 되어 뿌듯하다고 한다.

아이들을 성장시킬 수업 내용과 방법들은 넘친다. 그런데 이미 체득해서 내 것으로 만들어 수업 중 활용하는 것도 있지만 그렇지 못한 것이 훨씬 많다. 너무 많아서 때로는 배우기도 전에 그 무게에 짓눌려 버린다. 아이들이 공부해야 하는 것만큼 교사들도 수업에 대해 배울 것이 많이 남아 있을지도 모른다.

슬로리딩 수업은 우리나라에 소개되어 일반화된 지가 몇 해 되지 않는다. 대부분 고학년에 적용한 사례가 공유되고 있지만 수업에 활용되는 책은 많지 않다. 슬로리딩 수업은 책을 읽으며 깊이 사고하고 비판적으로 책 내용을 돌아보아야 하므로 저학년에게는 어렵다고 말하는 이도 있었다.

그럼에도 슬로리딩에 대한 확신과 열정으로 일 학년부터 육 학년 아이들 모두를 책으로 성장시키려는 우리 선생님들의 도전은 아름답고 빛이 났다.

가 보지 않은 길을 가려고 하면 낯선 것이 주는 불편함을 감수해야 한다. 익숙해지기 위해 더 노력해야 한다. 실패에 대한 두려움도 이겨 내야 한다.

부족하지만 수업을 함께 연구하기 위해 퇴근 시간 이후 손에 노트북 하나씩 들고 모여 토론하고 연구 결과를 정리하느라 고군분투한 우리 선생님들에게 칭찬과 격려의 박수를 보내고 싶다.

이 책이 슬로리딩이 있는 곳이면 어디에서든 작은 힘이나마 보태는 데 도움을 주었으면 하는 간절한 소망을 가져 본다.

2017년 4월

글쓴이 일동

6장 초등학교 5학년 슬로리딩
책과 함께 마음을 키우는 《몽실 언니》

7장 초등학교 6학년 슬로리딩
공감하며 성장하는 《안네의 일기》

1장

슬로리딩,
수업을 만나다

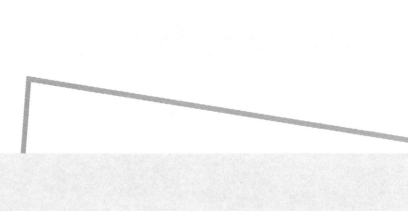

교과서가 재미없는 아이들,
수업이 힘겨운 선생님들

국어 교과서의 많은 글들은 아이들에게 그 생명감을 느끼게 하지 못한다. 교사가 이 글과 관련된 상황을 설명해 주거나 호기심을 불러일으킬 만한 발문으로 숨을 불어넣어야 겨우 의미 있는 글이 된다.

선생님 말씀이라면 한마디도 놓치지 않으려 눈을 반짝이는 소수의 아이들은 관심을 보이지만 대부분의 아이들은 교과서의 글에 공감하지 못한다. 아침에 하던 게임 생각, 쉬는 시간 친구랑 했던 이야기 등 현실의 자극에 온통 신경을 쏟고 있는 아이들은 교사의 노력에도 불구하고 급작스럽게 교과서의 억지스러운 설정 속으로 빠져들 수가 없다. 왜냐하면 글 속 상황이나 인물이 나와는 거리가 먼 경우가 많고 전체 이야기에서 부분만 가져와 맥락이 끊어진 내용으로 그 시간에만 소용되는 글들인 경우가 많기 때문이다.

이렇게 배운 교과서의 지문이나 이야기는 유통 기한이 그리 길지 않다. 배우고 나서도 그 학년이 지나면 거의 남지 않는다. 아이들에게 혹시 작년에 배운 글들 중 기억에 남는 것이 있느냐고 물었더니 거의 기억을 하지 못했다.

교과서에 실린 수십 편의 글로 공부를 했으나 학생들에게 기억에 남을 만한 글이 없는 이유는 무엇일까? 아이들이 수업에 집중하지 않아서일까? 글에 문제가 있던 것은 아닐까?

아이들이 글 속 상황이나 의미에 다가설 수 있어야 하는데, 학생들마다 경험이나 사전지식이 달라 모두가 글 내용에 공감하고 이해하기가 어렵다. 더구나 우리나라처럼 교사가 수업 이외에도 신경 써야 할 업무가 많은 경우에는 현실적으로 매 차시 학생들의 관심사와 직접적인 상관이 없는 교과서 글에 흥미를 느끼게 이끌기가 쉽지 않다.

공감하기 어려운 교과서 글로 수업하는 시간들이 이렇듯, 학생들은 수업이 재미가 없고 어렵다. 교사도 말을 억지로 물가에 데려가 물을 마시게 해야 하는 상황이 되다 보니 힘이 드는 경우가 많다.

그런데 슬로리딩 수업으로 책 한 권을 자세히 읽고 느껴 봄으로써 인물이나 사건을 더 잘 이해하게 되면, 아이들은 글에 대해 좀 더 흥미를 느끼게 된다. 아이들의 글에 대한 흥미는 곧 수업에 대한 만족감으로 연결되어 선생님도 흥이 나는 수업을 할 수 있었다.

읽기가 중요하다는 어른들,
읽기가 싫은 아이들

국어 교과의 영역은 듣기·말하기, 읽기, 쓰기, 문법, 문학의 5개 영역이다.

듣기·말하기는 기본적으로 두 사람의 일상적인 대화를 다루지만 글을 읽고 나서 생각이나 느낌을 나누는 등 읽고 난 후의 활동 또한 많다. 쓰기 영역에서도 상황을 글로 제시한 후 그 상황에 대한 자신의 생각을 쓰는 경우가 종종 있다. 문법도 문법만 독립적으로 배우는 것이 아니라 글이나 대화 속에서 올바르거나 효과적인 표현을 위해 문법적인 지식을 배운다. 문학은 읽기의 주요 소재이다. 이렇듯 국어 교과의 영역은 읽기와 떨어질 수 없고 읽기의 바탕 위에서 총체적 학습이 이루어진다.

국어 시간에만 읽기를 하는 것이 아니다. 사회나 도덕, 과학 시간에도 개념 정리나 자료 등이 글로 되어 있어 읽기가 바탕이 된다. 비단 국어 시간에만 읽기를 잘해야 하는 것은 아니다.

또한 우리가 읽어야 할 것은 교과서에만 있지 않다. 아이들은 교과서에서 배운 기본적인 읽기 능력을 활용해 자신을 알아 가기 위해, 타인과 어울려 살아가기 위해, 그리고 자신이 맡은 일을 잘해 내기 위해서라도 수많은 것들을 잘 읽어 내야 한다.

읽기가 삶과 공부에 얼마나 큰 비중을 차지하는지 뼈저리게 느끼는 어른들은 아이들에게 늘 책을 읽으라고 권하고 또 강요한다.

아이들이 책 읽는 모습을 살펴보면 어른들의 조바심과는 동떨어져 있다. 아침활동 시간 학급에서는 대부분 자유롭게 책 읽기를 한다. 책상 위는 온통 천연색으로 된 등장인물들의 대화의 장이 펼쳐져 있다. 학습만화를 읽고 있는 것이다.

학생들은 학습만화의 부작용을 잘 모른다. 일단 대화가 중심이므로 완전한 문장이 주는 표현력을 기대하기가 어렵다. 무엇보다 줄거리 위주라 속독하는 독서 습관을 기르긴 쉬우나 깊이 있게 생각하는 독서 습관을 형성하기가 어렵다고 한다.

학습만화를 주로 읽는 것은 아쉽지만 선생님들은 그 정도라도 읽으면 그나마 다행이라고 생각한다. 책장만 이리저리 넘기다 다른 책을 가지러 쉴 새 없이 책꽂이로 향하는 학생들도 여럿 있고, 아예 한 쪽을 펴놓고 멍하니 있는 친구들도 많기 때문이다.

슬로리딩 수업을 시작하며 5학년 네 개 반 아이들에게 물어보았다. '줄글로 된 책을 즐겨 읽나요?' 또는 '책 읽기를 좋아하나요?' 하고 물었더니 한 반 21명 중 5~6명 정도가 책 읽기를 좋아하고 즐겨 읽는다고 답했다.

물론 내가 있는 학교가 지방 소도시의 면 지역이고 고학년에 접어든 5학년이라는 특수성을 감안하더라도, 초등학교의 그 많은 국어 시간에 읽기 수업을 하고 읽기가 바탕이 된 수업을 하는데도 책 읽기를 좋아하는 비율이 30%도 안 된다니 매우 심각한 문제라고 느꼈다.

물론 책 읽기를 좋아하지 않는데도 국어 점수가 잘 나오는 학생들도 있다. 그렇다고 학교 공부를 제대로 하고 있다고 안심해도 될까? 이런 상황을 더 이상 그대로 두어선 안 된다. 현재의 우리 교육이 아무리 배움중심수업을 외치더라도 아이들이 책 읽기를 좋아하지 않으면 학생들이 배움의 본질에 접근하기가 쉽지 않다.

슬로리딩 수업을 하는 선생님들은 이구동성으로 아이들이 책을 좋아하게 된다고 이야기한다. 아이들이 책 읽기에 한 걸음 다가갈 수 있게 하는 가장 효율적인 방법 중 하나가 슬로리딩 수업이다.

많이 읽게 할 것인가,
생각을 자라게 할 것인가

여러 학교들이 책 한 권이라도 더 읽게 하려고 필독서나 권장도서를 정해 놓고 학생들이 읽은 책의 권수에 따라 시상을 하는 다독상이나 독서인증제를 실시하고 있다.

그런데 오늘날 이 상을 폐지하는 학교가 하나둘씩 늘어나고 있다. 다독을 권해 책 읽는 습관을 들인다는 본래의 목적보다 많은 책을 읽어야 한다는 부담감에 책을 깊이 있게 읽을 필요를 못 느낀다는 부작용이 더 크기 때문이다.

책은 단지 읽어 내기만 해서는 안 된다. 읽는다는 것이 마치 소유의 개념처럼 한 권을 읽어 보았다는 데 만족하고 안주하게 만드는 책 읽기 문화에 큰 변화가 생기고 있다. 책을 읽으며 의미를 되새겨 보고, 내 삶을 가꾸기 위해 읽은 내용이 어떻게 도움이 되는지를 생각해 보는 여유와 깊이가 있는 책 읽기가 필요하다는 공감대가 넓어지고 있다.

책을 한 권이라도 깊이 읽는 것의 중요성을 알려 주는 우리 선현들도 여러 분 계신데, 그중 정약용은 《유배지에서 보낸 편지》라는 책의 1부 '두 아들에게 보내는 편지'에서 이렇게 말했다.

마구잡이로 읽어 내리기만 한다면 하루에 백 번 천 번을 읽어도 읽지 않는 것과 다를 바가 없다. 무릇 독서하는 도중에 의미를 모르는 글자를 만나면 그때마다 널리 고찰하고 세밀하게 연구하여 그 근본 뿌리를 파헤쳐 글 전체를 이해할 수 있어야 한다. 날마다 이런 식으로 책을 읽는다면 수백 가지의 책을 함께 보는 것과 같다.

마구잡이 읽기가 아닌 생각하며 읽고 탐구하며 읽기의 중요성을 강조한 것이다.

2017년 초등 1·2학년부터 적용될 2015 개정 교육과정은 전통적인 지식 중심 패러다임(knowledge-based paradigm)에서 미래 사회가 요구하는 핵심역량 중심(key competencies) 교육과정으로 전환되었다. 개정 교육과정은 핵심역량으로 자기관리 역량, 의사소통 역량, 심미적 감성 역량, 지식 정보처리 역량, 창의적 사고 역량, 공동체 역량을 제시한다.

책을 깊게 읽음으로써 핵심역량을 기를 수 있다. 책을 읽어 많은 것을 알게 되는 것에서 한 걸음 더 나아가 책 속 인물의 행동을 비판적으로 되돌아봄으로써 그 인물에게서 삶의 자세를 배워 자기관리 역량을 기를 수 있다. 그리고 책의 내용에 대해 함께 이야기 나누어 봄으로써 의사소통 역량을 기를 수 있고, 책 속에서 필요한 지식과 정보를 취사·선택하여 문제를 해결함으로써 지식 정보처리 역량을 기를 수 있다. 또한 인물이 처한 상황을 잘 살펴 인물에 공감하고 문학이 주는 표현의 아름다움 등을 통해 심미적 감성을 기를 수 있다. 문제 상황을 개선할 다양한 방법을 토의하고 찾아봄으로써 창의적 사고력을 기르는 등 깊이 읽기를 통해 미래 핵심역량을 기를 수 있다. 이와 같은 역량 강화에 큰 도움이 될 슬로리딩이 절실히 필요한 시점이다.

책으로 실현하는 행복 교육

책을 읽으면 행복하다

내 삶의 무대는 나를 중심으로 내 주변 사람들과 만나는 곳이고 그들과 함께 만들어 가는 상황들로 채워진다. 사람들은 평소에는 그 속에 매몰되어 책을 읽을 여유가 없다고들 한다.

책 속에는 다양한 사람들이 제각각의 위치에서 깨달은 삶의 지혜가 담겨 있다. 그래서 책을 읽다 보면 깨우침에서 오는 성장의 기쁨이 있다. 또 책 속의 사람들이 겪는 슬픔과 어려움에 공감해 봄으로써 내 주변 사람들의 마음을 좀 더 잘 이해하고 돌아볼 수 있는 소중한 기회가 된다. 이처럼 수업 시간에 책을 읽음으로써 다른 삶을 들여다보고 생각해 보고 느껴 보는 기쁨을 아이들과 함께할 수 있다면 교사로서 더없이 행복할 것이다.

2015 개정 교육과정에서는 무엇보다 배움에의 흥미와 동기가 존중되어 학생들이 행복한 교육을 추구하고 있다. 슬로리딩 수업이 아직 책 읽는 기쁨을 잘 모르는 아이들에게 책이 얼마나 우리를 행복하게 해 주는지 느끼게 해 줄 것이라 확신한다. 평소 책을 즐겨 읽는 아이들은 교과서를 넘어 좋은 책과 함께하는 것이 축복이라는 걸 이미 알고 있다.

슬로리딩
수업이란

일본 열도를 뒤흔든 수업 방법

슬로리딩 수업은 일본의 중학교 국어 교사였던 하시모토 다케시 (1912~2013)가 처음 시작한 수업 방법이다. 그는 제2차 세계대전이 끝난 후 나카 간스케가 쓴 《은수저》라는 책 한 권으로 나다중학교에서 3년 동안 국어 수업을 진행했는데, 후기 학교에 지나지 않았던 나다학교는 일본 최고의 명문고가 되었다고 한다. 1962년에는 《은수저》로 수업을 한 2기생들이 나다학교 최초로 교토대 합격자 수 1위를, 1968년에는 사립고 최초로 도쿄대 합격자 수 1위를 차지했다고 한다.

하시모토 다케시 선생님은 교과서를 일절 사용하지 않고 《은수저》를 천천히 반복해서 읽고 소설 속에 등장하는 놀이나 책에 나오는 시 100가지를 카드로 만들어 맞추기 놀이를 하는 등 배우는 즐거움과 재미를 느낄 수 있게 했다. 그리고 '은수저 연구 노트'를 활용해 이해되지 않는 단어와 감동받은 문장 등을 꼼꼼히 적고, 친구들과 의논해서 책에 나오는 궁금한 내용들을 조사하고 서로 발표하며 나누는 등 학생들이 주도적으로 참여하는 수업을 하였다.

이 수업을 받은 제자들이 현재 일본의 문화계와 법조계, 학계의 유명 인사가 되었는데, 그들의 성공 비결이 된 이 수업을 '슬로리딩'이라고 소개하면서 세상의 주목을 받게 되었다.

　슬로리딩 수업은 책을 천천히 반복해서 읽고 어려운 낱말 찾아보기, 감동받은 문장 써 보기, 친구들과 의논해서 궁금한 내용을 조사하고 발표하기, 책 내용으로 토론하기 등 학생들이 주도적으로 참여하여 책 내용에 흠뻑 빠져 봄으로써 궁극적으로 핵심역량을 기르고 책의 가치를 느낄 수 있게 하는 수업이다.

슬로리딩 수업 전
선생님들의 고민

책 한 권으로 성취기준을 달성할 수 있을까?

슬로리딩 수업 전 선생님들이 먼저 염려한 것은 성취기준 달성이었다. 과연 내가 읽어서 감동받았고 아이들에게도 꼭 읽혀 보고 싶은 그 책으로 수업을 해도 성취기준을 달성할 수 있을까? 교과서 밖 책을 중심으로 교육과정 재구성하는 게 번거롭지 않을까? 성취기준을 달성할 수 있는 수많은 요소들이 한 권의 책에 담겨 있을까?

실제로 책 한 권으로 국어과 교육과정을 재구성해 보니 억지로 끼워 맞추지 않아도 해당 학년에서 도달해야 할 성취기준 절반 이상을 어렵지 않게 묶을 수 있었다.

《장발장》으로 5학년 1학기 국어 수업을 하면, 작품 속 인물의 생각이나 행동 평가하기, 토의하기, 낱말 뜻 짐작하기, 좋아하는 작품 소개하기, 추론하기, 관점 파악하기 등 현행 교과서 여섯 개 단원에 나오는 성취기준을 가볍게 달성할 수 있다.

성취기준	활동
인물의 생각·행동 평가하기	▶ 주요 등장인물들의 말과 행동 알아보기 ▶ 말과 행동을 통한 인물들의 생각 파악하기 ▶ 인물의 생각·행동 평가하기
토의하기	▶ 토의의 절차 이해하기 ▶ '사회적 약자를 위해 세금으로 도와주어야 하는가?'라는 주제로 토의하기 ▶ 토의를 바탕으로 제안하는 글쓰기
작품 소개하기	▶ 작품을 읽고 서로의 생각이나 느낌 비교하기 ▶ 《장발장》 작품을 소개하는 글쓰기 ▶ 자신이 좋아하는 작품 읽고 소개하는 글쓰기
추론 (낱말 뜻 짐작하기)	▶ 낱말의 뜻 추론하기 ▶ 제목, 책의 표지, 차례를 보고 책의 내용 예상하기 ▶ '왜, 어떻게, 만일' 삼총사 질문으로 인물의 마음과 사건의 결과 추론해 보기
관점 파악	▶ 말하는 이를 장발장으로 바꾸어 보고 말하는 이에 대해 알아보기 ▶ 장발장이나 미리엘 주교의 말과 행동을 통해 말하는 이의 관점 파악하기

《장발장》으로 5학년 1학기 국어 성취기준 도달하기

국어과 성취기준 이외에도 장발장과 같은 사회적 약자를 위한 복지
정책을 다룬 내용으로 사회과의 성취기준을 달성할 수 있었다. 또《장
발장》의 주제인 '용서, 사랑, 희생' 등의 도덕적 가치를 통해 '아름다운
사람'에 대한 도덕과의 성취기준을 만족시킬 수 있었다.

처음의 우려와 달리 기존에 교사용 지도서와 성취기준을 정리해 둔
내용을 살펴보니, 한 권의 책으로도 달성할 수 있는 성취기준들이 많다
는 걸 쉽게 찾을 수 있었다.

평가는 어떻게?

현행 과정 중심 수시평가는 꼭 평가해야 할 핵심 성취기준을 선정하고 그에 따라 학년별 협의를 통해 서술형, 논술형, 관찰, 체크리스트, 학생 상호 평가, 자기 평가 등 다양한 평가 방법을 선택하고 문항을 제작한다.

슬로리딩 수업을 하기 전 선생님들의 큰 고민거리가 바로 평가이다. 주로 학년 협의를 통해 문항을 만드는데 교육과정 재구성을 한다면 평가 문항 자체가 다른 반과 달라질 수 있기 때문이다.

실제로 슬로리딩 수업을 하면서 평가에 큰 어려움은 없었다. 학년에서 공통으로 만든 문항의 내용 요소를 슬로리딩 수업을 한 책의 내용으로 대체했기 때문이다.

예를 들어 《장발장》 책으로 '추론하기' 수업을 했을 때, 학년에서 공통적으로 제작한 수행평가 문항은 다음과 같았다.

국어과 수행평가 기준안

단원	5-1-9. 추론하며 읽기	평가 방법	구술
평가 영역	듣기·말하기	교과서 쪽수	239~246
학습 주제	책의 표지를 보고 내용을 추론하여 자신이 읽기에 적합한 책인지 판단해 보기.		
핵심 성취기준	1623-2. 글의 제목이나 삽화, 차례 등을 보고 글의 내용을 추론할 수 있다.		
핵심역량	공동체 역량, 의사소통 역량		
정의적 평가 요소	(적극성) 발표에 적극적으로 참여한다. (경청) 다른 사람의 의견을 끝까지 귀 기울여 듣는다.		
평가 문항	도서관에서 빌린 책의 제목과 삽화, 차례를 보고 내용을 추론하여 발표해 봅시다.		

예시 답안	〈우주 대여행〉	
	제목	우주에 대한 내용이며 여행이라고 표현한 것으로 보아 우주를 구경하듯이 살펴볼 수 있을 것 같다.
	삽화	책 표지에 목성과 화성의 사진이 있는 것으로 보아 목성과 화성에 관한 내용이 나올 것 같다.
	차례	태양계의 모든 행성의 이름이 나열되어 있는 것으로 보아 이 행성들에 대하여 많이 알 수 있을 것 같다. 별이나 행성, 위성에 대한 설명이 대부분이어서 별자리나 블랙홀 등에 대한 내용을 보려면 다른 책을 찾아보는 것이 좋을 것 같다.

성취수준	상	책의 제목, 삽화, 차례에 근거하여 글의 내용을 추론한 것을 명확하게 발표할 수 있다.
	중	글의 내용을 추론할 수 있지만 근거가 부족하거나 객관적이지 못하다.
	하	글의 내용을 추론하여 발표를 하는 데 어려움이 있다.

5학년 1학기 '추론하기' 수행평가 내용

핵심 성취기준이 '글의 제목이나 삽화, 차례 등을 보고 글의 내용을 추론'하는 것이었다. 슬로리딩 수업을 한 반에서는 '자신이 좋아하는 책'이 아닌 《장발장》 책의 제목이나 삽화, 차례 등을 보고 추론하는 내용으로 평가지를 수정했다.

> 이 책의 제목이 '장발장'이라 장발장이라는 사람이 나올 것 같다. 표지에 한 사람은 무릎을 꿇고 있고 한 사람은 손을 내미는 그림이 있는 것을 보니 무슨 사건 같은 것이 일어나는데 용서를 해 주는 내용인 것 같다.
> 차례에 '다시 감옥으로', '바다에 빠진 죄수', '뒤쫓는 자베르'라는 것이 있는 것을 보니 범죄, 추격전이 일어나는 내용일 것 같다.
> 나는 원래 사건 같은 내용을 좋아하기 때문에 이 책은 내가 읽기에 적당한 것 같다.

학생의 '추론하기' 수행평가

슬로리딩 책은 수업 시간에만 읽나?

수업 시간에 함께 읽는 부분이 있지만, 선정한 책을 그 시간에만 교재로 읽는다면 깊이 있게 여러 번 읽기가 어렵다. 슬로리딩 수업을 해 보면 아이들은 수업 시간 이후 쉬는 시간이나 집에서도 스스로 읽고 싶어 한다. 굳이 수업 시간에만 보라고 하는 것은 아이들의 호기심을 억제하는 것으로 자연스럽지 않다.

책 내용을 다 알고 있더라도 책에 대해 이야기를 나누면 식상해 하지 않았다. 잘 알고 있는 내용으로 이야기를 나누니 오히려 더 관심 있게 참여했다. 책을 읽고 다른 친구들은 어떤 생각을 하는지 내 생각과 비교하는 것을 특히 좋아했다.

때로는 읽었는데도 깊이 읽기가 부족해서인지 내용을 잘 기억하지 못할 때가 많았다.

수업 중에 《장발장》에서 장발장과 코제트가 자베르 형사에게 쫓겨 막다른 골목에서 살아남는 장면에 대해 이야기를 나눌 때였다. 장발장은 원래 힘이 좋고 날쌔어 담을 넘는 데 문제가 없었다. 그러나 코제트까지 데리고 높은 담장을 넘어야만 형사 자베르에게서 달아날 수 있는 긴박한 상황이었다. "어떻게 코제트까지 담을 넘을 수 있었을까?" 물었더니 많은 아이들이 읽었던 부분인데도 기억을 잘 못 했다.

장발장은 넥타이를 풀어서 코제트 허리에 묶고 옆 가로등에 매달려 있던 줄을 잡아당겨 넥타이 끝과 연결했다. 그러고 나서 줄 끝에 돌을 매달아 담장 위로 던져 고정시켜서 자신이 먼저 담장을 넘고, 코제트를 묶은 끈을 잡아당겨 둘은 무사히 자베르에게서 벗어났다고 이야기를 해 주었다.

그 부분을 다시 들려주니 '흥미진진하다', '장발장이 역경을 헤쳐 나가는 기지가 느껴진다'고 하면서 무척 재미있어했다.

이럴 때 아이들은 빨리 읽어 내는 것뿐만 아니라 생각하며 깊이 읽는 것의 중요성을 알게 된다.

슬로리딩
수업 설계를 위한 단계

국어과 성취기준부터 확인하기

한 권의 책으로도 국어, 사회, 도덕, 과학, 음악, 미술, 체육 등 여러 과목의 다양한 성취기준들을 달성할 수는 있다.

그러나 여러 과목의 다양한 성취기준을 달성하기 위해 교육과정을 재구성하려고 하면 어렵고 부자연스럽게 엮을 가능성도 많다.

처음에는 해당 학년 국어과의 성취기준을 중심으로 교육과정을 재구성하는 것이 부담이 적다.

읽기 영역의 성취기준은 슬로리딩 수업으로 거의 다 만족시킬 수 있고, 책 속에 토의 주제가 있기 마련이어서 토의·토론 또한 할 수 있다. 토의나 토론 내용을 바탕으로 주장하는 글쓰기를 할 수도 있어 국어과 성취기준 중심으로 교육과정을 재구성한다면 어렵지 않게 슬로리딩 수업을 시작할 수 있다.

국어과 성취기준 이외에도 《장발장》 같은 책은 취약 계층을 위한 사회적 복지에 관한 내용을 공부함으로써 사회과의 성취기준을 달성할 수 있었다.

장발장이 빵을 훔치고 탈옥하려 했던 것은 조카들이 굶어 죽어 가는 상황에 놓여 있었기 때문이다. 굶어 죽을 위기에 처한 사람 도와주기,

한 번 실패했더라도 다시 일어날 수 있는 기회 제공하기 등 사회적 안전
망에 대한 생각을 해 볼 수 있는 좋은 소재가 《장발장》에는 있었다.

또한 장발장이나 미리엘 주교가 베푼 사랑과 용서의 행동을 통해 도
덕과의 '아름다운 사람'에 대한 학습을 할 수 있다. 아름다운 사람은 어
떤 사람인가. 건강하게 가꾼 외모의 아름다움도 중요하지만 자신의 내
면을 갈고닦아 사회에 도움을 주는 도덕적 아름다움을 갖춘 장발장이
나 미리엘 주교는 좋은 본보기가 되었다.

책 선정하기

■ 고전 활용하기

선생님들이 읽어서 재미를 느끼고 감동을 받았던 고전문학 책들은
오랜 시간 동안 많은 사람들에게 검증된 책이라 수업에 활용해도 무방
하다. 단, 학생들의 어휘 수준이나 이해력을 고려해 책을 선정해야 한
다. 해당 학년 학생들의 어휘 수준이나 이해력을 미처 파악하지 못한
학기 초에는 학교에서 정한 필독도서나 권장도서로 학생들 수준을 파
악하는 데 참고하는 것도 좋다.

■ 바른 가치관과 사고력 향상에 도움을 주는 책

아이들이 책에 나오는 인물들이 처한 문제 상황을 자신의 문제처럼 절실하게 느끼는 경우 사고의 확장이 일어난다.

책 속의 인물이 갈등을 겪고 어려움에 처하기도 하지만, 결국 바른 삶을 살아가기 위해 인물이 선택한 말과 행동을 통해 올바른 가치관을 내면화할 수 있다.

책 속 인물 중 옳지 못한 행동을 하는 이에게서도 배울 수 있다. 아이들은 옳지 못한 행동의 결과를 글을 읽어 간접적으로 경험함으로써 바른 행동을 해야 함을 느끼게 된다.

아이들은 선생님이나 부모님이 하는 '정직해야 한다', '다른 사람을 용서해야 한다'는 등의 말들을 잔소리라고 생각하곤 한다. 그런데 책 속 인물의 행동에서 배울 점을 깊이 느끼고 난 아이들은 어땠을까? 많은 아이들이 현실에서 책 속 인물과 비슷한 상황에 직면해 옳지 않은 행동을 했을 때, 부모님이나 선생님이 책의 내용을 인용하며 지도를 하면 저항감 없이 올바른 행동을 수용하는 경우가 많다.

《장발장》으로 수업을 한 후, 친구들이 장난을 치면 화를 내려다가도 "장발장은 테나르디에 같은 사람도 용서하던데……"라고 말하면 머쓱해하며 한두 번은 친구의 장난을 봐주며 넘기는 것을 교실에서 볼 수 있었다.

요즘 아이들은 형제자매가 적어 가정에서부터 자기중심적인 생활을 하기 쉬운 환경에서 자란다. 그리고 학교가 끝나면 곧장 학원에서 교과 공부를 하거나 예체능 기능을 쌓는 데 많은 시간을 보내고 있다. 학원 등은 개인적으로 부족하거나 더 익히고 싶은 것을 배우러 가는 사교육 공간이기 때문에 다른 사람들과 어울리는 법을 배우기가 쉽지 않다.

가정에서도 접촉하는 사람이 소수이고 학원 등에서도 기능 중심의 교육을 받기 때문에 아이들은 다양한 사람들과 깊이 있는 관계를 맺기가 어렵다. 이 때문에 다른 사람의 마음을 이해하고 공감하는 능력이 많이 부족하다. 교실에서도 자기와 생각이나 행동이 다르면 '그건 틀렸다'고 비난하다 다투는 경우가 많이 생긴다.

책을 통해 다른 사람들의 마음에 공감할 기회를 많이 가져 보면 좋겠다. 나뿐만 아니라 내 주변에 있는 다른 사람들도 소중함을 느끼고 함께 조화롭게 살아 나갈 수 있는 역량을 기르는 데 도움을 줄 수 있는 책으로 슬로리딩 수업을 하면 좋겠다.

■ 학년별 성취기준을 달성할 수 있는 책

1·2학년은 흉내 내는 말이나 재미있는 표현이 있는 이야기, 등장인물이 아이들의 실제 경험과 비슷한 경험을 하는 내용, 시간이나 장소의 변화에 따라 어떤 일이 일어난 순서를 정리할 수 있는 내용 등이 있으면 국어과 성취기준을 어느 정도 달성할 수 있는 책이다. 특히, 동화책 속의 상황이 자신의 생활과 비슷한 책으로 수업을 하면 익숙한 낱말을 통해 정확하게 발음하고 쓰는 것을 배우기에 좋다.

3·4학년은 사건의 전개가 비교적 분명해서 간추리기에 좋고 등장인

물의 마음을 잘 공감할 수 있어 감동이 있으며, 다양한 어휘로 국어의 낱말을 확장시킬 수 있는 글이면 좋겠다.

5·6학년은 관용 표현이 잘 드러나 있고 작품 속에 말하는 이의 관점이 비교적 분명하고 의미 있는 글과 정형화된 인물보다는 삶의 가치관을 정립해 나가는 데 도움이 되도록 다양한 삶의 모습들이 드러난 글이면 좋겠다.

■ 재미있는 책

저학년 아이들은 특히 이야기를 좋아한다. 표현이 섬세하거나 사람의 심리가 잘 묘사되어 있는 책보다는 줄거리가 분명한 이야기책을 더 좋아한다.

학년이 올라갈수록 실제 있었던 인물의 이야기에 매력을 많이 느낀다. 나와 비교해 '나라면 어떻게 했을까'라며 실존 인물의 이야기도 좋아하게 된다. 과학이나 역사 등 좋아하는 분야가 학년이 올라갈수록 분명해지고 나만의 독서 방향이 설정되어 간다.

상상력이 풍부한 등장인물들이 기발하게 문제를 해결하는 아이디어가 넘치는 책들도 초등학교 아이들은 무척 좋아한다.

아이들이 좋아하는 책들은 있지만 막상 책을 읽기는 쉽지 않다. 저학년 아이들은 그나마 책이 얇고 가벼운 편이고 아직은 시간적인 여력이 있어 책을 조금 더 읽는다.

고학년이 될수록 정규 수업 시간은 길어지고 학원에서 공부 끝내고 나면 책 읽을 시간이 부족하다. 그런데다 책도 두꺼워지고 내용도 어려워져 책과 더 멀어지고 만다.

고전문학도 좋고 아이들에게 좋은 인성을 길러 주는 내용이 담긴 책도 좋지만, 무엇보다 아이들이 좋아할 만한 책을 고르는 것이 가장 중요하다. 슬로리딩 수업을 하며 같은 책으로 여러 시간의 국어 수업을 해 보니 대부분의 학생들은 담임 선생님이 감동적으로 읽은 책은 덩달아 좋아하곤 했다.

성취기준 정리하기

성취기준을 알아보고 책을 선정한 다음에는 각 성취기준을 어떤 순서로 재구성해서 수업할 것인지를 정리한다.

4학년 《샬롯의 거미줄》 수업을 위해 성취기준을 재구성해 수업을 한 순서이다.

낱말들을 분류해 보고 국어사전에서 낱말 찾기(국어)

글을 읽고 대강의 내용 간추리기(국어)

내용을 이해하기 쉽게 발표하고, 다른 사람의 발표를
평가하며 듣기(국어)

전달할 내용을 효과적으로 표현하는 미적 체험하기(창·체)

알맞은 이유를 들어 자신의 의견이 드러나는 글쓰기(국어)

글을 읽고 중심 생각 파악하기(국어)

우정을 행동으로 실천하기(창·체)

'낱말들을 분류해 보고 국어사전에서 낱말 찾기' 성취기준은 슬로리딩 수업 앞부분에서 어휘 학습에 대한 관심 불러일으키기, 낱말을 찾는 방법, 낱말 활용하기 등의 내용으로 수업을 했다. 그렇게 한 이유는 책을 읽어 나가며 어려운 낱말들을 스스로 찾아 정리하고 반복적으로 어휘를 활용하여 익혀 나가기 위해서였다.

'내용 간추리기' 성취기준 수업도 22장 전체를 다 간추려 볼 수 있도록 전체 수업의 앞부분에서 먼저 실시했다. '중심 생각 파악하기' 수업은 책의 내용을 다 이해한 후 주제를 파악해야 하기 때문에 후반부에 수업하는 등 성취기준별 순서를 정리해 보아야 수업의 체계가 올바르게 잡힌다.

학습 내용 및 활동 정리하기

슬로리딩 수업을 할 성취기준을 순서대로 정리한 후에는 각 성취기준을 달성하기 위한 학습 내용과 활동을 정리해야 한다. 몇 장으로 수업을 할지, 인물의 마음을 이해하기 위해 인터뷰를 할지 역할극을 할지 등 최적의 학생 참여 중심의 활동과 학습 내용을 정리해야 한다.

다른 수업도 마찬가지이지만 슬로리딩 수업은 학생들과 함께 만들어 나가는 수업이다. 교사는 성취기준을 달성하기 위해 읽고 생각하고 이야기 나누고 쓰는 다양한 활동들을 구상해 놓을 수 있다. 이것은 어느 정도 학생들의 사전지식과 경험을 고려한 수준을 어림잡아 놓은 것이라 학생들이 실제 수업 속에서 느낄 어려움 등을 100퍼센트 정확하게 예측할 수는 없다. 때로는 토의 시간을 두 시간 잡아 두었는데 학생들이 토의 주제에 대해 알고 있는 것이 빈약해 깊이 있는 토의가 불가능할 때도 있다. 이럴 때는 처음에 계획한 것에서 토의 수업 시간이 더 연장될 수도 있다. 수업을 하다 보면 교사의 수업 계획과 일치되지 않고 더 많은 시간들이 요구되는 경우가 비일비재하다. 교사는 슬로리딩 수업은 학생들이 주도적으로 참여해 만들어 가는 수업이라는 것을 잘 알고, 여유 있는 자세로 학생들의 배움이 커져 가는 것을 기쁘게 지켜볼 수 있어야 한다.

2장

초등학교 1학년 슬로리딩 △ △ △ △

마법 같은 책 읽기의 시작
《마법의 설탕 두 조각》

S L O W R E A D I N G

깊이 읽기의
시작

  슬로리딩을 처음 알게 되었을 때 우리 아이, 나의 학생들 또는 내가 어렸을 때 진작 이 방법을 알고 독서 습관이 바뀌었다면 난 지금과는 다른 세상에서 좀 더 넓은 세상을 바라보며 살았을 것이란 생각이 들었다. 지금 만난 우리 반 학생들만이라도 이 방법을 통해 인생의 전환점을 맞이할 수 있었으면 하는 마음에 슬로리딩에 더욱 관심을 두고 관련 책을 읽기 시작했다.

  1학년은 슬로리딩에 적합한 책이 별로 없으며, 있다고 해도 적용이 어렵다는 의견이 많았다. 나 또한 수업을 구성하는 데 애를 먹었다. 대부분의 학교 또는 기관에서 선정하는 1학년 권장도서는 일반적으로 30쪽 내외의 책으로 줄글이 많지 않고 그림과 글이 적절하게 있는 책을 추천한다. 물론 학생의 수준이나 발달 단계를 고려했을 때 그런 책들이 학생들이 읽기에 더 적합하다고 볼 수 있지만, 슬로리딩은 생각하며 깊이 읽어야 하는 수업 방식이기에 이런 책으로 수업을 진행하기에는 어려운 점이 있다. 짧은 이야기 글이나 그림책은 다양한 어휘와 문장을 접하기에는 부족했으며 또한 그에 따른 활동을 구성하려고 하면 금세 책의 끝부분을 맞이하곤 했다.

  《마법의 설탕 두 조각》은 100쪽 내외의 책으로 1학년이 보기에 다소 수준이 높긴 하지만 다양한 어휘를 접할 수 있다. 또한 환상 동화로 학생의 흥미와 관심을 충분히 불러일으킬 수 있는 내용이므로 이 책으로 수업하기에 적합하다고 판단했다. 책의 내용 역시 평소 부모님과 함께 있는 시간이 많은 저학년 학생들이기에 렝켄의 부모님과 렝켄의 마음을 충분히 이해할 수 있으리라 생각하여 이 책을 선정했다.

《마법의 설탕 두 조각》책 소개

마법의 설탕 두 조각
글 : 미카엘 엔데
그림 : 진드라 케펙
옮긴이 : 유혜자
출판사 : 소년한길

　아직 하고 싶은 것도, 하기 싫은 것도 많은 어린 소녀 렝켄은 아빠, 엄마의 간섭과 소소한 반대에 부딪쳐 부모님에 대한 반항심이 커져만 간다. 이를 못마땅하게 여긴 주인공 렝켄이 프란치스카 프라게차익헨 요정을 찾아 고민 상담을 하며 일어나는 이야기이다.

　렝켄의 고민을 들은 프란치스카 프라게차익헨 요정은 부모님이 렝켄의 말을 들어 주지 않을 때마다 부모님의 몸이 절반으로 줄어드는 각설탕을 선물해 준다. 렝켄은 부모님 몰래 그 설탕을 커피 잔에 넣는데 그때부터 부모님은 렝켄의 말을 들어 주지 않을 때마다 몸이 반으로 쑥쑥 줄어든다. 부모님에게서 느꼈을 만한 불만과 서러움을 기억하는 독자들에게 잠시나마 후련한 느낌을 전해 주기도 한다. 하지만 부모님의 몸이 점점 작아지고 부모님의 도움 없이 할 수 있는 것들이 많지 않다는 걸 안 렝켄은 후회하게 된다. 그리고 모든 것을 되돌리려 요정을 찾아간다. 그런데 요정은 렝켄이 각설탕을 먹지 않으면 다시 부모님의 찻잔으로 돌아가게 될 것이라고 말한다. 렝켄은 어쩔 수 없이 각설탕을 먹게 된다. 렝켄의 입장은 이전과 완전히 뒤바뀌어 버렸다. 부모님의 말을 거역하면 자신의 몸이 줄어든다는 것을 알고 렝켄은 부모님의 말에 순순히 따르게 된다. 평소와 다른 렝켄의 모습을 이상하게 여긴 부모님은 수상한 렝켄의 행동에 의심을 품게 되는데……. 결국 모든 것을 다 털어놓은 렝켄은 펑펑 울음을 터뜨리고 만다. 이를 지켜보던 부모님은 마음 아파하며 더 이상 그런 일은 일어나지 않을 것이라고 따스하게 위로해 준다. 정말 그런 일이 일어나지 않는다는 사실을 알게 된 렝켄은 자신이 한 행동을 진심으로 뉘우친다. 그리고 가족에 대한 소중함을 절실하게 느낀다.

한 지붕 아래서 가족들이 함께 살아가면서 한 번쯤은 느끼고 생각했을 법한 애증의 감정이 자연스럽게 글 속에 묻어 있다. 부모로서, 자식으로서, 충분히 공감하고 이해할 법한 통쾌함, 신선함, 염려, 희망, 사랑을 동시에 느끼게 해 주는 책, 부모와 자녀가 함께 읽어 볼 만한 책이다.

수업 시작에
앞서

■ 책 선정

독자들 또한 슬로리딩 수업에 앞서 책을 고르는 데 고심할 것이다. 물론 《마법의 설탕 두 조각》을 선정하면 되겠지만, 만약 다른 책을 선정하려 한다면 한 가지만 유의했으면 좋겠다. 1학기 또는 1년간 수업이 가능한 분량의 책을 선정해야 한다는 것이다. 앞서 이야기했듯 1학년 수준의 그림책을 선정할 경우 이야기가 너무 짧아 다양한 활동을 구성하기에도 수업을 이어 나가기에도 힘이 든다. 사실 처음 수업을 구성할 때 1~2학년 수준의 그림책을 선정해 수업 계획을 세우다 몇 차례 책을 바꾼 적이 있었다. 그림책은 이야기가 짧고 단순해서 다양한 사건이 나오지 않아 활동을 구성하는 데 힘이 든다. 만약 그림책을 활용한 수업을 하고자 한다면 주된 책으로는 적당량의 줄글이 있는 책을 선정하되 그 주된 책과 관련 있는 주제의 책을 읽는 활동으로 수업을 구성하는 걸 권하고 싶다. 수업 시간에는 주된 책을 읽고 아침활동 시간이나 활동을 먼저 끝낸 아이들에게 책과 관련된 책을 읽게 하는 것이 좋겠다.

■ 선택과 집중

저학년 특성상 집중력이 짧고 자신의 생각과 표현을 나타내기에 서툴기 때문에 긴 문장을 쓰거나 여러 가지 활동을 동시에 할 수 없다. 처음 슬로리딩 수업을 구성할 때 이것저것 여러 가지 해 보고 싶은 욕심에 한 차시에 3개 정도 활동을 구성했다가 실패했다. 학생에게도 벅차고 교사도 벅찬 수업은 오히려 수업의 완성도와 흥미를 떨어뜨렸다. 1학년 슬로리딩 수업을 구성할 때는 수업당 한 가지 활동이 가장 적합하다. 저학년 학생은 충분히 생각하고 활동할 수 있는 시간이 있어야 하므로 선택과 집중이 반드시 필요하다.

1학년은 할 수 없을 것이라는 생각은 선입견이다. 물론 중·고학년에게는 한 번의 설명 후 시작할 수 있는 활동을 5단계 이상의 과정을 거쳐서 설명해 줘야 이해하고 활동을 할 수 있다. 차근차근 단계별로 설명해 준다면 학생들은 어느 사이에 그 활동을 파악하고 잘 해결해 나갈 수 있을 것이다.

■ 독서 습관 바로잡기

'한글을 쓰고 읽는 것도 어려워하는 아이들에게 무슨 활동을 할 수 있을까.' 슬로리딩을 처음 시작하려 마음먹었을 때 가장 우려했던 점이다. 학생 수준에 맞지 않는 어려운 책으로 활동을 계속할 경우 학생들이 오히려 책을 멀리하는 현상이 나타날까 걱정도 됐다. 일반적으로 생각하는 고학년 대상의 슬로리딩처럼 학생 스스로 책 읽으며 탐구하는 활동까지는 할 수 없어도 우리 아이들에게 책은 즐겁고 읽고 싶은 존재임을 알게 하고 싶었다. 물론 수업을 이끌면서 수업을 계속 이어 나갈 수 있을까 걱정이 앞섰지만 결과적으로는 성공했다고 본다. 독서 습관이 바로잡혀 있는 학생이라면 책을 한 권 읽는 것은 어렵지 않다. 하지만 독서 습관이 바로잡혀 있지 않은 학생이 많은 요즘에 책 한 권을 다 읽었다는 것은 상당한 성취감과 만족감을 준다.

또한 줄글이 많은 책을 접함으로써 그림책을 보는 시기를 지나 줄글이 많이 늘어나는 중학년이 되었을 때 이와 같은 책을 거부감 없이 받아들일 수 있기를 바랐다. 이 책의 독자들과 만나는 학생들만큼은 그림책에 나오지 않은 글 속 이야기 장면들을 풍부하게 상상할 수 있고 줄글을 읽고 쓰는 데 어려움이 없었으면 좋겠다.

■ 교육과정의 기초, 기본에 충실한 재구성

올해부터 적용되는 2015 개정 교육과정과 현재 현장에서 적용되고 있는 2009 개정 교육과정을 비교·분석 후 두 교육과정에 공통으로 구성된 내용을 기본으로 하여 2009 개정 교육과정 및 2015 개정 교육과정에 의거해 수업을 구성했다.

2009, 2015 개정 교육과정에서 공통적으로 강조하는 부분인 기초 문식성의 증진과 작품에 대한 흥미를 중점으로 둔 수업을 구성했다. 기초학습에 소홀하지 않되 흥미를 가질 수 있는 놀이와 게임으로 기초 문식성과 흥미, 두 가지 요소 모두 놓치지 않도록 했다.

흔히 이루어지고 있는 재구성과 달리 완전히 관련이 없어 보이는 동화책 한 권으로 국어 수업을 대체한다면 대부분의 학생, 학부모, 교사들은 걱정이 앞설 것이다. 재구성을 많이 하고 있지만 아직까지는 교과서에 기본을 둔 수업이 많은 것이 사실이다. 학생, 교사, 학부모에게 교육과정의 기본과 기초에 충실하되 좀 더 심화되고 효율적인 수업이 제공되고 있다는 사실과 마음의 위안을 주기 위해서라도 교육과정의 원문 분석과 연계에 철저해져야 했다.

▪ 어휘 습득

아직 국어를 배우는 단계이기에 쉽고 단순한 어휘를 접하는 것도 좋으나 쉽고 단순한 어휘만을 쓰다 보면 다양한 어휘에 대해 관심을 갖고 사용할 수 있는 기회를 잃어버리게 된다. 배움과 습득이 급격하게 일어나는 이 시기에 새로운 어휘를 자연스럽게 익히게 해 준다면 학습에 큰 밑거름이 될 것이다. 수업을 구성하는 데 있어 어휘의 습득과 자연스러운 사용에 중점을 두고 수업을 하고자 한다.

즐겁게
책 읽기

  독서의 중요성을 모르는 한국 부모님들은 아마 거의 없을 것이다. 중요성을 알면서도 우리 아이의 독서 습관을 바로잡기는 어렵다. 학부모 상담 시에 학부모님들은 하나같이 "우리 아이가 책을 읽지 않아서 걱정이에요"라고 이야기한다. 책을 읽히려는 부모, 책을 읽지 않으려는 아이의 관계는 풀 수 없는 열쇠와 같은 것일까? 책을 많이 읽으려면 무엇을 우선시해야 할지 생각해 보았다. 게임을 할 때 주의를 집중하듯이 관심 있는 일을 할 때면 시간 가는 줄 모르고 집중하곤 한다. 책에 집중을 못 한다는 것은 책에 아직 관심과 흥미가 없고 책을 읽을 준비가 안 되어 있다는 말이다.

  책이 게임보다 즐겁고 지혜를 넓혀 주는 도구임을 알면 잔소리하지 않아도 책을 자연스럽게 옆에 두게 될 것이다. 이를 위해 다양한 활동으로 책 속 주인공을 이해하고 책을 읽는 기쁨과 보람을 느낄 수 있도록 수업을 구성했다. 수업을 마치고 가장 기억에 남았던 활동이 무엇이냐고 물었을 때 대부분 체험과 활동 중심의 놀이 수업이었다고 말했다. 저학년의 특성상 조작활동이 주된 활동이 되는 것이 맞지만 역시나 아이들은 놀이나 게임이 주된 활동이 될 때 더욱더 효과적인 학습효과를 보이곤 한다.

■ 카누 만들기

호숫가에는 카누 하나가 물살에 흔들거리고 있었습니다. 렝켄이 카누 안으로 올라가자 노를 젓지도 않았는데 저절로 나아갔습니다. 노가 보이지 않으니 어차피 저을 수도 없는 일이었습니다.

《마법의 설탕 두 조각》, 17쪽

　저학년 학생은 집중 시간이 짧고 이해하는 데 한계가 있어 많은 시간을 들여 차근차근 설명하거나 사진이나 영상을 통해 설명을 해 주곤 한다. 하지만 보고 듣는 것보다 직접 체험하고 경험한다면 학생들이 이야기를 더 쉽고 재미있게 이해할 수 있으므로 체험 중심의 활동으로 구성했다. 책 속에는 렝켄이 빗물거리를 지나 요정을 만나러 가는 도중에 '카누'를 타고 호수를 지나가게 되는 장면이 나온다. 이 장면에서 학생들은 '카누'라는 단어를 알지 못하기 때문에 상황을 이해하기가 어렵고 카누를 홀로 타고 호수를 지나는 렝켄의 마음을 이해하기 힘들다. 주인공의 마음을 이해하고 '카누'라는 단어를 알기 위해서 색종이로 카누를 만들어 보고 빗속 거리를 지나가 보기로 했다.

"수업을 모두 끝마치고 나니
카누 접기가 가장 생각이 많이 났어요."

-김○○

비가 오는 날, 색종이로 카누를 접어 운동장으로 나가 배를 띄워 보고 빗물도 직접 느껴 보고 홀로 남겨졌을 렝켄의 마음을 이해해 보기로 했다. 낯선 곳에서 홀로 배를 타고 어디론가 떠나는 주인공의 마음은 마냥 즐겁지만은 않았을 것이다. 이 활동을 통해 학생들은 홀로 낯선 곳으로 향하는 렝켄의 마음을 이해하고 카누의 생김새와 특징에 대해 자세히 알 수 있었다.

색종이로 접은 카누를 물에 띄우며 렝켄의 마음 이해해 보기

■ 각설탕 맛보기

> "알았다! 내가 각설탕 두 개를 주마. 물론 마법을 부리는 각설탕이야. 그것을 네 엄마, 아빠가 눈치채지 못하게 몰래 커피나 차 속에 넣으렴."
>
> 《마법의 설탕 두 조각》, 17쪽

책을 시작하며 가장 먼저 들은 질문은 "각설탕이 뭐예요?", "각설탕은 어떤 맛이에요?"였다. 1학년 학생들은 커피를 마시지도 않을뿐더러 커피믹스가 상용화되다 보니 각설탕을 본 적이 없는 것이 당연했다. 나도 어렸을 적 휴게소에서 아버지가 커피에 각설탕을 넣어 드시는 것에 신선한 충격을 받긴 했었다. 그 당시엔 작은 알갱이로 된 설탕만 알고 있었고 사탕 같기도 하고 과자 같기도 한 설탕이 존재한다는 것이 생소했었다. 아마 우리 아이들은 책을 읽을수록 렝켄과 부모님이 맛본 각설탕이 궁금했을 것이다. 실제로 학생들은 "각설탕 먹으면 진짜 몸이 작아져요?", "각설탕 어디에서 팔아요?"라고 물으며 각설탕에 대해 궁금증을 키워 갔다.

각설탕 맛보기

학생들이 좀 더 이야기에 몰입하고 상상력을 발휘할 수 있게 하려고 각설탕을 직접 맛보고, 느낀 점을 감정 카드로 표현해 보기로 했다. 학생들이 각설탕을 먹은 소감을 '맛있었다', '즐거웠다'라고만 생각할 줄 알았는데 의외로 '실망스럽다' 또는 '걱정스럽다' 카드도 사용했다. 생각보다 맛이 없어서 실망스러웠다는 친구도 있었고, 이가 썩을까 봐 걱정된다는 학생도 있어서 다양한 모습으로 수업에 참여한다는 생각이 들었다.

각설탕을 맛본 느낌을 감정 카드로 표현하기

■ 마법 상점 놀이하기

국어, 즐거운 생활(이웃) 교과 2단원 가게 단원의 재구성을 통해 마법 상점 놀이를 계획했다. 교과서에는 슈퍼마켓, 서점, 옷가게 등 다양한 가게에서 다양한 물건을 파는 것을 알고 사고팔 때의 주의할 점을 중심으로 제시되어 있다. 앞서 다양한 가게가 있다는 것을 알고 분류하기 활동을 많이 한 터라 좀 다른 가게 놀이를 하고자 했다. 렝켄이 요정에게 받았던 각설탕처럼 나만의 각설탕에 특별한 힘을 부여하여 나만의 상점에서 마법 각설탕을 판매하도록 했다.

우선 직접 클레이로 마법의 각설탕을 만들며 어떤 효능을 가진 각설탕인지 가격표에 이름, 설명을 적고 가격을 매기도록 했다. 판매를 할 때에도 효능을 직접 자세히 설명하도록 지도했으며 판매를 위한 설득 방법 몇 가지도 알려 주어 가게별 판매 수익을 높일 수 있게 했다.

가게 놀이 시작에 앞서 판매자, 소비자가 지켜야 할 점, 예절, 물건 판매 방법과 구입 방법에 대해 사전 교육을 실시했으며 판매자, 소비자

두 그룹으로 나누고 일정 시간이 지나면 역할을 바꿔 놀이를 진행했다. 수업 전 사전 지도로 마법 상점 놀이는 학생 간 큰 다툼 없이 수월하게 끝낼 수 있었으며 동시에 학생들은 자연스럽게 수학의 덧셈과 뺄셈, 상상력을 익힐 수 있었다.

마법의 설탕 조각 클레이로 만들기

마법 상점 놀이하기

■ 책에 삽화 그리기

삽화 작가가 되어 책 속 삽화를 직접 그려 보도록 했다. 삽화를 그리려면 우선 이야기 속 인물과 사건을 파악하고 있어야 하므로 자연스럽게 깊이 읽기가 이루어진다. 우선 삽화 그리기에 앞서 다른 책 속 삽화를 따라 그려 보도록 했다. 삽화 그리기를 하며 책 속 글과 그림의 관련성을 찾아 글 속 내용은 곧 그림으로 표현된다는 것을 알게 했다. 자칫하면 미술 활동으로 변질될 우려가 있어 다양한 색의 색연필이나 사인펜으로 그리기보단 글과 그림과의 관련성과 상상력을 키우기 위해 연필만으로 이야기 속 삽화를 그려 보도록 했다. 이 활동을 통해 글 속에 숨겨져 있던 그림 속 이야기를 알고 이야기 속의 또 다른 장면을 직접 표현할 수 있었던 시간이었다.

■ 나의 요정 찾아가기

이 종이로 비행기를 접어 날려 봐.
그리고 그것을 따라와.
이해할 수 있겠지?
어서 서둘러 프프요.

《마법의 설탕 두 조각》, 60쪽

요정 프프요는 렝켄이 후회하고 있을 때쯤 렝켄에게 다시 새로운 메시지를 보내서 자신을 찾아오라고 한다. 렝켄에게는 프프요가 있듯이 우리 반 학생들에게는 수업 초반부터 자신만의 요정의 이름을 붙이고 요정에게 편지 쓰기, 요정과 상담하기, 요정에게 소원 빌기 등 다양한 활동을 했었다.

내가 그동안 만나 왔던 나의 요정을 만나기 위해 우리도 렝켄이 한 것처럼 종이비행기를 접어 요정을 찾아 나서기로 했다. 책 속 환상 세계에 프프요가 존재하는 곳이 따로 있듯이 현실 세계에서의 나의 요정을 찾아 나서기 위해 지구본에 있는 세계 여러 나라를 살펴보고 목적지와 요정의 이름을 적은 후 비행기를 접어 날려 보냈다. 교실 일부에 빨간 선을 긋고 선을 넘은 친구에게는 구글어스로 요정에게 직접 찾아갈 수 있는 기회를 주었는데 학생들이 굉장한 흥미를 보였다. 평소 자주 보던 대륙과는 다른 대륙의 모습과 토지 색깔, 경관 등에 많은 호기심을 보였으며 그곳에 직접 가 보고 싶다는 학생들이 많았다. 아직 우리 마을 및 고장에 관심을 두어야 할 학년이기는 하지만 해외여행이 보편화된 현시대에 더 넓은 세계와 마주할 기회가 많은 우리 아이들에게 더 넓은 세상 속 즐거움에 대해 알려 주고 싶었다.

지구본 보며 요정이 있는 곳 상상하기

요정에게 쓴 편지 비행기 접어 날리기

■ 포스트잇으로 아빠와 엄마 키 비교하기

> 원래는 1미터 84센티미터였던 아빠가 이제는 그 절반인 92센티미터가 되었습니다. 아빠가 무척 당혹스러워한 것은 너무나 당연한 일이겠지요.
>
> 《마법의 설탕 두 조각》, 22쪽

이야기 속 인물 아빠와 엄마는 렝켄이 커피 잔에 넣은 각설탕을 먹고 몸이 줄어든다. 아빠는 렝켄의 말을 거절할 때마다 1미터 84센티미터에서 절반인 92센티미터로, 또 그것의 절반인 46센티미터, 23센티미터, 11.5센티미터로 줄어든다. 엄마도 아빠와 마찬가지로 절반씩 줄어드는데, 1학년은 수학 교과 중 측정 영역에서 길이를 '길다, 짧다'로만 비교하지 자와 같은 도구를 사용해서 정확한 단위를 측정하지는 않는다. 자를 활용해 아빠와 엄마의 몸이 줄어드는 크기를 알아보면 좋지만 교육과정 운영상 선행 학습을 권장하지 않기에 구체물을 사용한 직접 비교로 엄마와 아빠의 키를 비교하기로 했다. 렝켄의 아빠와 엄마의 몸의 크기를 직관적으로 이해하되 유의미하며 교육과정과 연관된 구체물을 사용했다.

아빠는 노란색, 엄마는 분홍색의 포스트잇을 사용해 처음 몸의 크기만큼 길게 늘여 붙여 렝켄의 아빠와 엄마의 크기가 점점 줄어드는 과정과 그 크기를 느낄 수 있도록 했다. 처음 수업 계획에서는 아빠가 184센티미터일 때 일어난 사건, 92센티미터일 때, 46센티미터일 때 등 키가 줄어들 때마다 생긴 사건을 포스트잇에 간추려 한 줄로 적어 인물, 사건, 행동을 한 번에 정리하고 싶었으나, 계속 키가 줄어드는 것 말고는 큰 사건이 일어나지 않아 수업 방향을 변경해서 진행했다. 그 대신 처음 키에서 아빠, 엄마가 했던 말, 그리고 절반으로 줄어들었을 때의 말들을 포스트잇에 옮겨 적어 사건의 변화에 따른 인물의 대화와 크기를 직관적으로 알게 했다. 학생들은 연결된 포스트잇을 보며 "우아, 아빠가 이렇게 컸다니!", "아빠랑 나랑 키 재 봐야지!", "줄어든 엄마 키가 내 실내화만 한 것 같다"라고 외치며 서로 아빠와 엄마의 키를 비교하려 했다.

이 책과 달리 인물의 모습이 변할 때마다 구분할 수 있는 특징적인 사건이 일어나는 경우 앞서 계획했던 것처럼 인물의 모습별로 정리해 보는 것도 추천한다.

포스트잇으로 만든 아빠, 엄마의 키를 비교해 보고 있는 모습

■ 손가락 인형 놀이

렝켄은 곰돌이, 장난감 호랑이, 어릿광대 인형, 코끼리 인형을 엄마와 아빠가 쓰던 침대에 가져다 놓고, 아빠와 엄마를 장난감 침대에 눕혔습니다.

《마법의 설탕 두 조각》, 34쪽

수업 과정 중 내 몸이 작아진다면 어떻게 될지 상상해 볼 수 있도록 손가락으로 인형 놀이를 했다. 손가락 인형이 되어 학교 교실을 활보하고, 높은 곳에서 뛰어내리고, 공부를 해 보는 등 잠시 동안 몸이 작아졌을 때의 불편함, 반대로 편리함과 그때의 쾌감도 느껴 보았다. 이어 이야기 속 문장 중 하나를 골라 실감 나게 읽으며 손가락 인형극도 진행하여 주인공의 마음을 깊이 이해할 수 있었다.

다양하게
글쓰기

한글에 대한 이해력 및 관심이 높아지는 시기이므로 이 시기에 다양한 어휘를 접하면 언어능력 및 독해능력에 많은 도움이 된다. 이에 어휘력 및 문장 구성능력 증진을 위한 쓰기 활동에도 많은 비중을 두어 수업을 계획했다. 국어 1학년 성취기준 중 자신의 감정을 문장으로 정확하게 표현하는 성취기준이 있다. 하지만 수업 중 활동 소감을 말하거나 친구에게 내 감정을 표현할 때 아이들은 자신의 감정을 말하지 못하거나 '재미있었다', '즐거웠다' 외에는 표현하지 못한다. 표현을 명확하게 할 때의 기쁨과 앎의 즐거움을 느끼게 해 주기 위해서라도 다양한 단어, 문장을 알고 사용할 수 있게 해 주고 싶었다. 매일 꾸준히 단어를 사용해 문장을 만들어 나가도록 하여 쓰기, 읽기 능력 등 사고력 증진에도 많은 도움을 줄 수 있도록 했다.

■ 매일 한 줄 글쓰기

인물의 처지나 마음을 표현할 때에는 '기분이 좋다, 기분이 나쁘다'와 같은 표현을 이용하기보다는 '신나다, 즐겁다, 설레다, 창피하다, 기죽다, 답답하다'와 같이 **감정을 표현하는 다양한 어휘를 사용**하여 표현할 수 있도록 지도한다.
-2015 초등학교 교육과정 읽기영역 교수·학습 방법 및 유의사항

1학년 1학기 국어 교과에도 다양한 종류의 감정과 표현법을 제시하고 있으나 사용할 기회가 없을뿐더러 접할 기회도 없어 표현력이 쉽게 늘지 않았다. 다양한 어휘를 접하고 사용하는 데 중점을 두고 매일 알림장에 감정 단어를 활용하여 한 줄 글쓰기를 시작했다. 글쓰기를 어려워하던 학생들은 점차 글 쓰는 기쁨과 즐거움을 느끼기 시작했고 일상생활 속 대화에서도 사용해 나가기 시작했다. 긍정적인 단어로 시작해 부정적인 단어로, 한 달에서 일주일, 다시 격일로 간격을 줄여 다양하게 단어를 익히게 했다.

다양한 감정을 사용하다 보니 평소에 잘 표현하지 못했던 생각과 느낌을 표현할 수 있게 되어 학생 개인 상담에도 도움을 주었다. 감정을 주제로 글을 쓰다 보니 학생 개인의 생각과 감정이 자연스럽게 묻어나 교우관계 및 학교생활, 가정생활이 자연스럽게 드러났다. 따로 시간을 내어 교우관계 조사 및 학생 상담을 하지 않아도 문장 완성 검사와 같은 효과를 가지게 되어 문제 상황이 발생하기 전에 미리 사태 파악을 할 수 있었다.

또한 알림장에 과제를 하도록 하여 따로 검사 시간을 내지 않고 알림장 검사 시에 간편하게 검사할 수 있어 교사에게는 검사의 부담을, 학생에게는 꾸준하되 부담 없는 양의 글쓰기로 숙제의 부담을 동시에 줄여 주었다.

알림장에 매일 감정 한 줄 글쓰기

■ 겹받침, 쌍받침 익히기

1학년 학생들이 아직 국어를 배우는 단계이다 보니 특히 쌍받침, 겹받침을 쓰는 것에 어려움을 느끼는 편이다. 그렇지만 쌍받침, 겹받침이 나오지 않는 글은 거의 없으며 반드시 알고 넘어가야 하는 부분이기도 하다. 아이들에게 자연스럽게 놀이로 접근하되 받침을 쓰고 읽는 데 어려움이 없게 하려고 '받침 찾기 대회'를 열었다. 한 차시에 읽은 내용 중 5분간 가장 많은 쌍받침, 겹받침이 들어간 문장을 찾아 옮겨 적는 친구들에게 보상을 주고 어떠한 경우에 같은 받침을 사용하는 단어도 함께 알아보았다.

1. 읽은 내용에서 쌍받침, 겹받침을 찾아봅시다.

1	불렀습니다.	11	달아났습니다.
2	없었다면.	12	잘 하셨어요
3	말 했습니다.	13	밖으로
4	물었습니다.	14	떨었습니다.
5	못 했더라면	15	잡아 먹었다.
6	갇았습니다.	16	했든
7	보았습니다	17	
8	착각 했겠지	18	
9	뻔 했	19	
10	뻔 했잖아.	20	

받침 빨리 찾기 대회

■ 마법의 설탕 주머니 활용하기

마법의 설탕 주머니

어휘 사용 능력 및 문장 구성 능력의 증진을 위해 마법의 설탕 주머니를 적극적으로 활용했다. 학년 수준에 비해 어려운 어휘가 많이 나오는 책이므로 이해를 높이기 위해서라도 어휘를 반드시 짚고 넘어가야 했다. 처음 책을 읽을 때는 모르는 단어를 묻고 답하기 식으로 단어의 뜻과 사용 방법에 대해 알려 줬었다. 학생들이 모르는 단어에 대해 질문을 하고 답하자 질문을 한 학생 외에는 관심을 잘 두지 않아 기억을 잘 못 하는 경우가 많았다. 많은 학생들이 어휘에 관심을 갖고 자연스럽게 장기 기억 속에 쉽게 저장할 수 있는 방법을 고안하던 중 평소 색종이를 보물처럼 여기며 소중히 여기는 학생들을 보고 색종이를 단어 카드로 만들어 활용하면 만들기도 손쉽고 놀이로 활용할 수 있을 것이라고 생각했다. 책의 이름이 《마법의 설탕 두 조각》이다 보니 이 색종이 한 조각을 설탕 한 조각으로 이름 붙여 단어 주머니에 더욱더 소중히 간직할 수 있도록 했다. 설탕 주머니는 시중 문구점에서 B6 크기의 보관 상자를 구입하여 단어, 단어·문장 카드를 손쉽게 보관할 수 있게 했다. 만약 보관 상자를 구할 수 없다면 지퍼 백을 구입하여 단어 주머니로 활용해도 좋다.

단어 카드는 색종이를 절반으로 두 번 접어 네 칸으로 만드는 일명 '네모 접기'를 두 번 해 준다. 책을 읽으며 처음 알게 된 단어 또는 어려운 단어를 이 문장 카드에 적어 놓은 다음 수업의 후반부쯤 학생들이 칠판 앞으로 나와 단어 맞추기 놀이로 단어를 익힐 수 있게 했다. 단어 카드를 보고 초성(자음)만 칠판에 적어 단어를 맞추게 하거나 단어의 순서를 흩트리고 단어를 맞추게 했다. 예를 들어 '맞장구'를 문제로 낼 경우 'ㅁㅈㄱ', '장구맞'으로 칠판에 적은 후 학생들에게 이 단어가 무엇인지 묻고 함께 단어의 뜻을 알아보았다.

색종이로 단어 카드 만들기

문장 카드를 만들 경우에는 이 '네모 접기'를 네 번 하여 문장의 띄어쓰기 부분에 따라 문장이 들어갈 수 있게 한다. 스스로 만든 카드로 오늘 책을 읽은 부분 중 한 문장을 골라 짝꿍에게 순서 맞추기 놀이를 하게 했다. 한 문장마다 같은 색깔의 색종이를 사용해 문장 카드를 적어 설탕 주머니 속에 보관했을 때 손쉽게 하나의 문장 카드를 찾을 수 있도록 했다. 종종 문장이 길게 나오는 부분이 있어 맞추는 데 애를 먹는 학생들도 있었으나 문장을 길게 늘어뜨리고 순서를 배열하는 것에 큰 관심과 애정을 보였다.

마법의 설탕 조각 단어 카드

단어 카드를 주머니 속에 넣은 모습

즐겁게
이야기 나누기

■ 역할 머리띠 활용하기

"내가 요정과 인터뷰를 할 때 친구들이 내가 생각하지 못한
생각들을 말해서 떨렸어요.
그래도 내가 요정이 된 것 같아 신기했어요."
-정○○

요정 인터뷰 놀이하기

　　역할을 나누어 실감 나게 읽을 때 이야기 속 인물은 어떤 성격과 생
각으로 어떠한 일을 했는지 좀 더 관심 있게 참여할 수 있게 된다. 교
과서 부록에 들어 있는 주인공 그림 붙임딱지처럼 그림을 붙이고 역할

놀이를 하면 효과적이겠지만 매 수업 현장에서 붙임딱지를 만들거나 그림을 그려 역할 놀이를 하기는 쉽지 않다. 자신이 어떤 역할을 하는지 알 수 있되 간편하고 재사용할 수 있는 역할 머리띠를 만들어 사용하기로 했다.

A4 색지를 8등분으로 잘라 코팅하고 검은 부직포를 한 줄로 잘라 간단하고 쉽게 만들었다. 한 사람이 두 명의 역할을 할 경우 유동적으로 한 카드에 두 명 이상의 이름을 적을 수도 있고 역할이 바뀔 경우 지워서 다른 역할을 쓸 수도 있어 유용했다.

앞서 한 활동 외에도 이 역할 머리띠를 활용하여 스피드 퀴즈, 단어 마임 활동, 인터뷰 활동 등 다양한 활동을 할 수 있다. 만들기도 간편하므로 제작해서 사용할 것을 추천한다.

학생들은 처음과 달리 실감 나게 읽기를 거듭해 갈수록 상황에 어울리는 목소리와 크기로 글을 읽기 시작했으며 국어 공부에 소극적이던 학생들도 글 읽기에 적극적으로 참여하기 시작했다. 처음에는 짝과 함께 역할을 나누어 읽고 모둠, 전체로 나아가 함께 읽으며 즐겁게 이야기를 듣고 생각을 나누었다.

■ 말놀이하기

1학년 1, 2학기 국어교과에서는 소리와 모습을 흉내 내는 말을 알고 표현하는 단원이 나온다. 이 단원을 학생들과 공부하면서 동물들의 울음소리가 어떻게 들리는지에 대해 학생들에게 물어보면 학생들의 10명 중 9명은 고양이는 야옹, 돼지는 꿀꿀, 병아리는 삐약삐약이라고 대답한다. 그런데 영어에서 고양이는 'meow', 돼지는 'oink oink'인 것만 보아도 같은 고양이와 돼지임에도 한국인에게는 야옹, 꿀꿀로 다르게 들림을 알 수 있다. 돼지는 꿀꿀, 고양이는 야옹이 아닌 진짜 흉내 내는 말을 찾기 위해 실제 돼지 소리, 고양이 소리 등 다양한 동물들의 소리를 먼저 들어 봤다. 우리가 늘 듣던 소리와 다르게 학생들은 다양한 말의 소리와 리듬을 찾아 표현해 냈다. 이어 자연의 소리를 들어 보았는데 천둥은 우르르 쾅쾅이 아닌 '드두두두', '와르르르르' 등 흉내 내는 말을 다양하게 표현해 냈다.

렝켄의 부모님이 몸이 줄어든 상황에서 천둥, 번개가 쳐도 부모님의 도움을 받을 수 없어 속상하고 절망적인 상황을 천둥, 번개 소리를 듣고 날씨로 표현하도록 했다. 학생들은 렝켄의 두려운 마음도 이해함과 동시에 흉내 내는 말의 표현력을 늘릴 수 있었다.

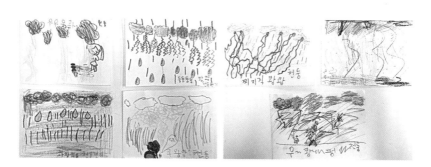

흉내 내는 말 카드 만들기

■ 감정 나누기

수업 후 학생들에게 수업 소감을 물으면 그때마다 돌아오는 대답은 학년을 막론하고 "재미있었다"이다. 수업을 하면서 흥미를 느꼈을 수도 있고 실망하고 절망을 했을 수도 있으며 이 외에도 다양한 감정을 느꼈을 것이다. 그런데 그 많은 학생들의 대답은 하나같이 "재미있었다"일까? 교사들 또한 새롭게 알게 된 점이나 "재미있다"는 답 외에는 관심을 두지 않았을지도 모른다.

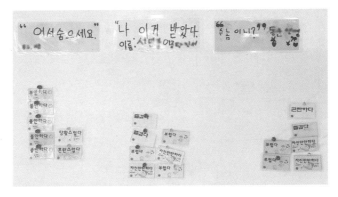

문장 속 숨은 감정 찾기

학생들이 수업을 하며 느꼈던 다양한 감정들과 책 속 주인공의 감정에 대한 다양한 생각들에 집중해 보고 싶었다. 48가지의 감정 표현과 그림이 담긴 감정 카드를 모둠의 수만큼 만들어 글 속 주인공의 생각이 담긴 문장을 함께 찾고 문장 속에 담긴 감정을 찾아 카드로 제시하게 했다. 감정 카드의 뒷부분에는 뜻과 예시를 넣어 이해하기 쉽게 제작하여 문장을 만들어 이야기 나누기가 어렵지 않았다. 또한 책 속에서 감정 카드에 나와 있는 감정 외에 또 다른 감정이 나올 때 감정 카드를 함께 만들어 보며 더 많은 감정에 대해서 알아보았다.

　한 가지 주의할 점은 활동 시에 48가지의 카드를 동시에 제공할 경우 저학년 학생들은 문장의 뜻과 문맥을 파악하는 데 시간이 많이 걸리기 때문에 10가지 내외의 카드만 제공하도록 한다.

다양한 감정 카드를 살펴보며 자신의 감정 나누기

《마법의 설탕 두 조각》
슬로리딩 수업을 마치며

"마법의 설탕 책으로 공부할 시간이 빨리 끝나서 아쉽다. 공부를 하게 해 줘서 고마워. 추억을 많이 만들어 줘서 고마워."

-이○○

"각설탕이 너무 달았어요. 1학기 동안 《마법의 설탕 두 조각》으로 공부하고 나니 더 공부하고 싶어집니다."

"우리 동생도 프프요 요정을 만나 렝켄처럼 말을 잘 듣게 되었으면 좋겠어요."

-권○○

"다시 또 이 책을 읽고 싶어요. 렝켄은 용감한 아이인 것 같아요. 렝켄 아빠처럼 우리 아빠도 자상해졌으면 좋겠어요."

-김○○

"요정 이름이 복잡하지만 신기한 손이라 신기했어요. 모르는 단어도 많이 알게 되어서 기뻐요."

-제○○

"《마법의 설탕 두 조각》을 하면서 글자 맞추기도 하고 아빠와 엄마가 몇 센티미터인지 그리기도 했다. 그리고 감정 카드도 골라 일기도 쓰면서 많은 시간을 보냈다. 기분 좋은 수업이었다."

-서○○

"책을 읽고 나서 국어 실력이 늘었다. 비가 올 때 카누도 띄워 보고 비행기도 날려 봤던 것이 엄청 좋고 재미있었다."

-제○○

"가게 놀이를 하다 보니 빨리 마법 설탕을 팔아야겠다는 생각에 마음이 성급해졌어요."
"나의 요정 쪼쪼를 실제로 만나 요정을 조금 부려 먹어 보고 싶어졌어요."

-김○○

"렝켄이 문을 열었을 때 갑자기 호수가 나타나서 깜짝 놀랐습니다. 앞으로 엄마 말을 잘 들어야겠다는 생각이 들었습니다."

-오○○

수업을 마친 지금, 수업을 해 나가는 과정에서 겪었던 고민과 걱정거리들이 학생들에게는 소중한 추억으로 전해진 것만 같아 기쁘고 뿌듯하다. 처음 계획과는 다르게 수업이 흘러가 중간에 포기하고 싶을 만큼 힘들었던 때도 많았지만 포기하지 않고 수업을 끝마친 덕에 우리 반 학생들이 많이 성장할 수 있었다. 이러한 값진 기회를 주신 수석 선생님과 잘 따라와 준 우리 반 학생들에게도 정말 감사하다.

그래픽 영상이 만연한 정보화시대에 학생들에게 배움의 기쁨을 느끼고 필사의 즐거움, 작문의 보람을 느끼게 해 주었던 소중한 시간들, 앞으로도 이러한 소중한 시간들을 만날 기회가 온다면 다시 한 번 도전해 보고 싶다.

3장

초등학교 2학년 슬로리딩

책과 함께 성장하는
《칭찬 한 봉지》

SLOWREADING

슬로리딩을
시작하며

책을 선정한 이유

우리 반 학생들은 매우 활동적이다. 수업 시간에도 가만히 앉아서 공부하는 것보다 일어서서 몸을 움직이고, 큰 소리로 발표하고, 손을 움직여 무엇인가를 만드는 것을 훨씬 더 좋아한다.

그래서 '책'도 재미있는 것이 아닌 앉아서 조용히 공부하는 것으로 다가오기 때문인지 독서를 별로 좋아하지 않는다. 슬로리딩 수업을 시작하기 전 '책을 싫어하는 사람은?' 하고 물었을 때 28명 중 절반이 넘는 16명이 책이 싫다고 답했다. 책을 좋아한다고 한 학생들 중에도 대부분이 만화책을 좋아한다고 했다. 이렇게 활기차지만 책을 좋아하지 않는 학생들과 함께 깊이 있게 책을 읽어야 하는 슬로리딩 수업을 하기로 결정했을 때, 정말 눈앞이 캄캄했다. 슬로리딩 수업을 하면서 모든 점이 힘들고 생소했지만, 제일 어려웠던 것은 책 선정이었다. 도서관을 돌아다니며 추천 도서들도 읽고, 추천 도서로 선정되지 않은 책들까지도 읽으면서 어떤 책을 선정해야 할까 많은 고민을 했다.

내가 슬로리딩 때 수업할 책은 두 가지 기준에 따라 선정했다. 첫 번째 기준은 '학생들의 실제적인 학교생활을 잘 녹여냈는가?'이다. 마냥 모범적인 모습만 보여 주는 책이 아닌, 친구와 다투기도 하고 선생님께

혼나기도 하는 학생들의 모습이 잘 나타난 책을 통해 평소 독서를 멀리 하는 학생들의 흥미를 이끌어 내고 싶었다.

두 번째 기준은 '책의 내용이 어렵지 않은가?'이다. 우리 반 학생들은 평소에 책을 많이 접하지 않았기 때문에 어휘력이 다른 2학년보다 다소 낮은 편이다. 국어 시간에도 어려운 단어가 나오면 "너무 어려워서 무슨 말인지 모르겠어요"라고 말하는 학생들이 많다. 그렇기 때문에 어려운 단어로 책에 대한 흥미가 끊어지지 않도록 많은 학생들이 수월하게 읽을 수 있는 책을 선정하고 싶었다. 또 글 내용에 적절한 삽화가 많이 들어 있어 학생들의 이해를 도울 수 있는 책을 선정하고자 했다.

이런 기준으로 선정한 책이 《칭찬 한 봉지》이다. 이 책의 주인공인 마리는 우리 반 친구들이 책을 읽고 나서 서로에게 "넌 마리야!"라고 말할 정도로 우리 반 학생들과 비슷한 점이 많았다. 평소 학생들의 모습과 비슷하게 행동하는 마리의 행동을 읽고 학생들은 흥미를 느끼기 시작했다. 또한 《칭찬 한 봉지》 책 곳곳에 등장하는 삽화들을 보고 가벼운 마음으로 책을 접하게 되었다.

책 줄거리

칭찬 한 봉지

글 : 정진
그림 : 소노수정
출판사 : 좋은책어린이

초등학교 2학년인 손마리는 자기가 제일 똑똑하고 예쁘며, 잘났다고 생각하는 학생이다. 수업 시간에 다른 친구가 발표하는 데 끼어들어서 먼저 다다다다 말하고, 쉬는 시간에는 친구와 싸워서 선생님의 '한 봉지'에 자주 걸린다. 선생님의 '한 봉지'에 걸리면 집에 가서 부모님께 어떤 일이 있었는지 말하고 다음 날 반 친구들과 다 같이 간단하게 먹을 수 있는 간식 한 봉지를 가져가야 한다. 이 '한 봉지'는 칭찬의 한 봉지일 수도 있고, 벌의 한 봉지일 수도 있다. 마리는 지금까지 벌의 한 봉지만 받아 왔다.

그런데 마리네 반에는 마리와는 반대로 칭찬 한 봉지를 자주 가지고 오는 '윤아'라는 친구가 있다. 마리는 처음에는 윤아를 못마땅하게 생각하지만, 윤아와 함께 생활하며 윤아의 행동을 유심히 관찰하게 된다. 자신과는 다르게 친구들을 배려하고 친구의 말에 귀 기울이는 윤아를 보고 자신의 잘못된 행동을 서서히 고쳐 나간다.

책과 함께
성장하기

실감 나게 책 읽기

초등학교 저학년 시기에 책을 소리 내어 읽는 것은 매우 중요하다. 우선, 학생들은 소리 내어 책을 읽으면서 내용에 집중할 수 있다. 아직 저학년이어서 책을 눈으로만 읽으면 다른 생각을 하게 되는 경향이 있다. 하지만 소리 내어 책을 읽으려면 글자 한 자 한 자를 자세히 보고 읽어야 하므로 자연스럽게 책에 집중하게 된다.

또 소리 내어 책 읽기는 학생들의 발표력 향상과 발음 교정에도 도움이 된다. 책을 다른 친구들에게 들릴 정도의 목소리로 읽어야 하므로 자연스럽게 목소리가 커지고, 다른 친구들 앞에서 책을 읽어 본 경험을 바탕으로 발표 또한 자신 있게 하게 된다.

책은 모두 수업 시간에 소리 내어서 읽었다. 《칭찬 한 봉지》가 두껍지 않기 때문에 수업 시간에 3~5쪽 정도로 나누어 책을 읽고, 내용을 파악하는 데 많은 시간을 들였다. 책을 읽는 방법은 세 가지였다.

■ 역할 나누어 책 읽기

슬로리딩 수업 처음에는 학급 전체가 함께 책을 읽었다. 이때 교사가 전부 읽지 않고 학생들과 역할을 나누어서 책을 읽었다.

첫 수업에서 책에 나오는 인물은 마리, 호민, 준성, 선생님의 네 명이었다. 그리고 제일 많은 분량을 차지하는 해설까지. 첫 수업이기 때문에 학생들에게 실감 나게 읽는 모습을 시범 보이기 위해 많은 분량의 글을 읽어야 하는 해설은 교사가 맡았고 나머지 인물들도 평소에 책을 잘 읽고, 목소리가 큰 학생들이 읽게 했다. 처음 역할을 맡은 친구들이 정말 실감 나고 재미있게 책을 읽자 책에 대한 학생들의 흥미도가 아주 높았다.

두 번째 수업부터는 교사는 역할을 정해 주기만 하고 책을 읽는 것은 모두 학생들에게 맡겼다. 분량이 많던 해설까지 모두 학생들이 역할을 나누어서 책을 읽었다.

■ 모둠별로 책 읽기

학급 전체적으로 역할을 나누어서 책을 읽는 연습이 어느 정도 된 다음에는 더 많은 학생이 소리 내어 책 읽는 연습을 하기 위해 범위를 학급에서 모둠으로 축소시켰다.

모둠별로 책 읽기는 두 가지 방법으로 이루어졌다. 첫 번째는 모둠원 네 명이 한 가지씩 역할을 맡아서 책을 읽었다. 그런데 이 방법으로 하니까 서로 마음에 드는 역할을 맡으려고 큰 소리가 오가는 경우가 자주 생겼다. 또 역할별로 읽는 분량 차이가 크게 났다. '해설'이 10줄 정도 읽을 동안 '마리' 역할은 4줄, '호민' 역할은 3줄, '선생님' 역할은 1줄 정도였다.

그래서 모둠별 책 읽는 방법에 살짝 변화를 주었다. 모둠원 네 명 중 두 명이 역할을 나누는 것이 아니라 페이지를 나누어 읽고, 나머지 두 명은 친구가 읽는 것을 들어 주기로 했다. 책을 다 읽었으면 반대로 들어 주던 두 명의 친구가 책을 읽고 나머지 두 명은 듣는 방식으로 진행했다. 이렇게 두 명 읽고 두 명 듣기 방식으로 진행하니까 학생들이 자기가 읽는 책을 친구가 듣고 있다고 생각하며 더 진지한 자세로 읽었다. 또 페이지를 나누어 읽으니 모든 학생이 비슷한 분량의 글을 읽을 수 있는 장점이 있었다.

■ 짝끼리 책 읽기

슬로리딩이 끝날 즈음에는 모둠에서 짝으로 책 읽는 범위를 축소시켰다. 짝지가 들을 수 있을 정도의 목소리로 또박또박 그리고 감정을 살려 실감 나게 읽는 연습을 했다.

이렇게 책을 읽는 범위를 학급, 모둠, 짝으로 축소시키면서 슬로리딩 수업을 진행했다. 처음에는 큰 소리로 책 읽는 것을 부끄러워하고 어색해하던 학생들도 지속적으로 책 소리 내어 읽기를 하며 글 읽기에 대한 자신감이 상당히 높아졌다. 또한 책 내용을 잘 이해하지 못하는 학생들도 친구들과 함께 읽으면서 더 빠른 내용 이해력을 보였다.

인물의 마음 이해하기

이야기의 세 가지 구성 요소는 인물, 사건, 배경이다. 세 가지 구성 요소 중 저학년 학생들이 책을 읽는 데 필수적으로 이해해야 하는 요소는 인물이다. 이야기 구성 요소 중 사건과 배경은 2학년 학생들이 이해하기에 다소 추상적이다. 또한 사건, 배경에 대한 국어과 성취기준도 3~4학년군에 처음으로 등장하므로 2학년 슬로리딩에서는 중점적으로 다루지 않았다.

인물을 이해한다는 것은 인물의 마음을 이해한다는 의미이다. 인물의 마음을 이해하는 것은 책 내용 이해뿐만 아니라 책을 실감 나게 읽기 위해서도 필수적이다.

인물의 마음을 이해하기 위해 크게 세 가지 활동을 했다. 그것은 감정 카드 활용하기, 인물의 표정 그리기, 인물 되어 보기이다.

■ 감정 카드 활용하기

초등학교 2학년 학생들이 알고 있는 감정을 표현하는 단어는 매우 한정적이다. 학생들은 일기를 쓰거나 친구와 이야기할 때도 '참 재미있다, 싫다, 좋다'와 같이 몇 가지 단어로 자신의 다양한 감정을 제한한다. 이런 학생들이 인물의 마음을 제대로 이해하고, 인물에게 공감하려면 다양한 감정 단어를 알아야 한다.

시중에도 여러 감정 카드가 판매되고 있지만, 초등학교 2학년 수준에 너무 어려운 감정이 적힌 카드가 많고, 학생들의 생활에서 자주 사용되지 않는 감정이 많다. 그래서 학생들의 생활과 밀접한 관련이 있으며 책에 나오는 인물의 마음을 이해하기에 적합한 감정 단어들을 간추려 감정 카드를 만들었다. 카드 뒷면에는 학생들이 감정을 더 잘 이해할 수 있도록 감정 단어의 뜻과 적절한 예문을 적었다.

감정 카드 앞면   감정 카드 뒷면

책을 읽고 매 수업마다 감정 카드를 활용해 인물의 감정을 찾도록 지도했다. 감정 카드를 활용하지 않고 인물의 감정을 떠올릴 때는 몇 가지 제한적인 단어로만 감정을 표현했던 학생들이 감정 카드를 활용하자 '막막하다, 쑥스럽다, 긴장되다, 조마조마하다, 만족스럽다'와 같이 다양한 단어를 활용하기 시작했다.

■ 인물 표정 그리기

2. 서로 짝지가 된 '마리'와 '호민이'의 표정을 상상해 봅시다.

	마리	호민
표정		
감정 낱말	초마조마하다.	화난다.

글로 적는 것보다 그림 그리는 걸 좋아하는 학생들을 위해 인물의 감정을 그림으로 나타내는 활동을 했다. 책을 읽고 나서 그 상황에 처했을 때 인물의 표정을 그리고, 그 표정을 자신의 얼굴로 따라 해 보며 학생들은 인물에 더 빠져들었다.

■ 인물 되어 보기

초등학교 2학년 학생들은 아직 자아 중심적인 사고가 강하다. 그렇기 때문에 타인으로 여겨지는 책 속 인물의 마음을 이해하는 것은 매우 어렵다. 책 속 인물과 자신의 거리감을 좁히고, 인물을 내면화할 수 있는 활동이 바로 '인물 되어 보기'다.

《칭찬 한 봉지》 속에는 여러 활동이 있다. 마리가 수업 시간에 하는 '맹인과 지팡이'부터 '속담 게임', '피구 게임'과 마리가 선생님을 관찰하기 위해 적는 '비밀 수첩'까지. 학생들이 인물의 마음을 더 잘 이해하기 위해 학생들과 함께 책에 나오는 활동을 했다.

가장 먼저 한 활동은 '비밀 수첩 적기'이다. 책에서는 마리가 선생님을 관찰하고, 선생님의 허점을 찾기 위해 비밀 수첩을 적었지만 이를 그대로 교실에 적용하기엔 문제가 있다. 그래서 '비밀 수첩 적기' 활동을 비밀 친구를 선정하고, 그 친구를 열심히 관찰한 후 그 친구의 칭찬거리를 적는 활동으로 변형했다.

비밀 수첩 적기에 앞서 먼저 창체 시간을 활용해 '나만의 비밀 수첩 만들기' 활동을 했다. 8절지를 이용해 표지와 속지를 만들었다. 그리고 간단하게 일주일간 비밀 친구를 관찰하여 칭찬을 적겠다는 다짐장도 만들었다. 학생들은 자신에게 마리와 같은 비밀 수첩이 생겼다는 사실에 기뻐하며 정말 비밀스럽게 수첩을 적기 시작했다.

학생들은 일주일 동안 비밀 친구를 관찰하고, 그 친구의 칭찬거리를 열심히 적으며 '마리'가 되어 갔다. 일주일 후 자신의 비밀 친구를 발표하고 활동을 마무리하면서 학생들에게 "비밀 수첩을 적을 때 기분이 어땠니?"라고 물었다. 대부분의 학생들이 "누가 내 수첩을 볼까 봐 긴장되었다", "친구들이 볼까 봐 힘들었다", "비밀 친구를 들킬까 봐 불안했다"라고 대답했다. 이런 긴장되고 불안한 마음이 마리가 선생님에 대한 비밀 수첩을 적을 때 느낀 감정이라는 것을 학생들이 이해하기 시작했으며, 마리에 대해 공감할 수 있었다.

이 활동은 친구를 관찰하며 친구의 칭찬할 점을 찾는다는 점에서 교우관계 증진 활동으로 충분히 활용할 수 있다.

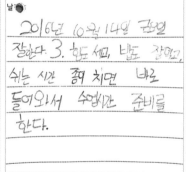

비밀 수첩 표지   비밀 수첩 다짐장

비밀 수첩 속지

다음으로 책에 나오는 '교실 놀이'를 직접 해 보며, 마리와 친구들의
기분을 이해해 보는 시간을 가졌다. 《칭찬 한 봉지》에 나오는 교실 놀이
중 '맹인과 지팡이 게임', '속담 퀴즈', '피구' 세 가지 놀이를 함께 했다.
'맹인과 지팡이 게임'은 마리가 교실에서 평소에 싫어하던 호민이와 짝이 되어 한 게임이다. 이 게임은 두 명이 한 팀이 된다. 한 명은 맹인이 되어서 수건으로 눈을 감싸고 나머지 한 명은 지팡이가 되어서 맹인에게 길을 인도해 주는 게임이다.

맹인이 된 마리는 지팡이가 된 호민이의 말에 따라 움직여야 한다. 하지만 평소 호민이에 대한 감정이 좋지 않던 마리는 호민이가 말하는 반대로만 움직이며 결국 꼴등으로 게임을 마치게 된다. 학생들은 이 부분을 읽으면서 마리와 호민이의 감정에 대해 깊이 이해하지 못했다. 왜냐하면 학생들은 이 게임을 직접 해 본 적도 없고, 마리처럼 눈을 가린 상태에서 움직여 본 적도 없기 때문이다.

책을 잘 이해하지 못하는 학생들을 위해 이 게임을 직접 해 보며 눈을 가렸을 때 마리의 기분과 마리가 자기 말을 듣지 않아서 꼴찌가 된 호민이의 기분을 모두 느껴 보도록 했다. 28명의 학생들 모두가 한 번씩 번갈아 가며 맹인, 지팡이가 되었다. 학생들의 두 눈을 안대로 가리자 그때야 '맹인과 지팡이 게임'을 하는 마리의 기분을 이해하기 시작했다. 안대로 가리기 전에는 "에이~ 쉬울 거 같은데?"라고 했던 학생들도 안대로 두 눈을 가리자 "앞이 안 보여서 너무 무서웠다", "앞이 안 보이는데 지팡이가 이상한 길을 알려 주면 어쩌지 걱정이 되었다"라고 말하며 마리의 상황과 감정에 빠져들었다.

반대로 지팡이가 된 친구들도 "맹인이 된 친구가 내 말을 안 듣고 다른 곳으로 움직이니까 너무 답답했다", "말로 설명하려니까 어려웠다"라고 말하며 호민이를 이해하기 시작했다.

맹인과 지팡이 게임을 하고 있는 학생들 모습

속담 게임, 피구 게임도 이와 마찬가지로 책만 읽을 때는 멀게만 느껴졌던 주인공과 그 친구들의 감정이 학생들이 직접 그 상황에 빠져 보고, 행동을 해 보면서 타인의 감정이 아닌 자신이 직접 느낀 감정이 되어 갔다.

이렇게 '인물 되어 보기' 활동을 한 후에는 꼭 마리나 다른 인물들의 기분을 생각해 보게 하면서 내실 있는 활동이 되도록 했다.

재미있는 말

1~2학년군 성취기준에는 '말의 재미'와 관련된 성취기준이 두 가지 있다.

> - 듣기·말하기
> ⑥ 여러 가지 말놀이에 즐겨 참여한다.
> - 문학
> ② 말의 재미를 느끼고 재미를 주는 요소를 활용하여 자신의 경험을 표현한다.

교사용 지도서에는 '재미있는 말'이 반복되는 말이나 흉내 내는 말 등 독특한 표현의 효과를 살린 말을 다룬다고 명시되어 있다. 물론 재미있는 말은 매우 주관적이기 때문에 개인마다 다를 수 있다.

《칭찬 한 봉지》에는 흉내 내는 말과 참신한 표현이 아주 많이 나온다. 그렇기 때문에 학생들과 함께 재미있는 말을 찾고, 수업이 끝난 뒤 자신의 마음에 드는 나만의 문장을 찾았다.

■ 재미있는 말 찾아서 바꾸기

학생들에게 웃음소리를 나타내는 말에도 '히히히', '깔깔깔', '방긋', '흐하하하' 등 여러 가지 재미있는 말이 있다는 점을 알려 주며,《칭찬 한 봉지》에 나오는 재미있는 말을 다른 말로 고쳐 보는 활동을 했다.

1. 34~37쪽을 읽고, 재미있는 말을 찾아보고, 바꾸어봅시다.

쪽수	재미있는 말	바꾸어 보기
35쪽	옥신각신	호민이랑 난 **티격태격** 다퉜어.
35쪽	뒤죽박죽	책꽂이에 있는 책들이 엉망진창으로
36쪽	물렁물렁	칭찬하니까 내마음이 말랑말랑 해졌어
34쪽	슬금슬금	애들이 조심조심 파가기 시작했어
35쪽	방방	호민이가 둥둥 뜨고 다니니까
37쪽	히히히	깔깔깔

이 활동이 끝나고 난 뒤 모둠원들과 자신의 학습지를 돌려 보며, 재미있는 말은 개인에 따라 다를 수 있으며 한정되어 있지 않다는 것을 느낄 수 있도록 했다.

■ 나만의 문장 찾기

수업을 끝내기 전에는 항상 학생들에게 오늘 읽었던 부분 중에서 가장 재미있었던 문장을 찾도록 지도했다. 자신만의 문장을 찾으며 학생들은 다시 한 번 책을 읽어 볼 수 있었고, 재미있는 문장에 대한 관심도 나날이 높아졌다.

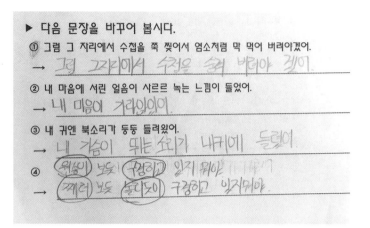

책 내용 정리하기

초등학교 2학년 학생들과 함께 꽤 긴 분량의 글을 한 학기 동안 수업한다는 건 쉽지 않은 일이다. 아직 저학년이라서 그 전에 읽었던 책 내용을 잊기도 하고, 책에 쉽게 질릴 수도 있기 때문이다. 따라서 나는 슬로리딩 수업을 쉬지 않고 쭉 이어 가는 것이 아니라 중간중간 쉬어 가며, 지금까지의 이야기를 되돌아보는 시간을 가졌다. 지금까지의 책 내용을 정리하면서 말이다.

책 내용 정리하는 방법은 크게 네 가지였다. 책 중간에 내용을 정리할 때 사용할 수 있는 이야기 이어 쓰기, 나만의 명장면 뽑기와 책 마무리에 사용할 수 있는 인형극 하기, '칭찬 한 봉지' 파티이다.

■ 이야기 이어 쓰기

《칭찬 한 봉지》를 중간 부분까지 읽고 이야기 이어 쓰기를 했다. 초등학교 2학년 지도서에는 이야기 이어 쓰기를 위한 제재는 사건의 흐름이 명확히 드러나고 앞과 뒤의 이야기를 추론할 만한 빈자리가 많은 작품으로 한다고 명시되어 있다.

이러한 조건을 충족하고, 학생들의 흥미도가 높았던 마리와 동생 수찬이, 윤아가 놀이터에서 만나서 놀다가 수찬이가 울음을 터뜨리는 이야기의 뒤에 나오는 장면을 이어 쓰기 제재로 선택했다.

이야기를 이어 쓰려면 먼저 현재 제시된 이야기에 대한 이해가 우선시되어야 한다. 또한 지금까지 책을 읽으면서 드러난 인물의 성격이나 이야기 흐름을 정확하게 파악해야 한다.

이야기 흐름을 파악하기 위해 책에 나오는 삽화를 활용했다. 책 중간에 나온 삽화들을 학생들에게 모둠별로 제공했다. 학생들은 삽화를 순서대로 배열하면서 이야기 흐름을 다시 한 번 되새겨 보았다.

  이미 책을 끝까지 읽어 뒷이야기를 알고 있는 학생들이 많았음에도
모든 학생들이 이야기를 창의적으로 꾸몄다. 교과서에 나오는 제재 글
로 이야기 꾸며 쓰기 수업을 했을 때는 이야기를 독창적으로 꾸며 쓰
지 않고, 자기가 알고 있는 책 내용을 그대로 이어서 썼던 학생들이 《칭
찬 한 봉지》로 수업을 하자 정말 다양하게 이어서 쓰기 시작했다.

《칭찬 한 봉지》 뒷이야기

윤아가 수찬이에게 다가가 울고 있는 수찬이를 달래 주었다. 또 수찬이를 데리고 수찬이가 타고 싶었던 미끄럼틀을 태워 주며 신나는 시간을 보냈다. 마리는 수찬이가 하고 싶은 걸 잘 들어 주며 수찬이와 놀아 주는 윤아의 모습을 보고 반성하게 된다.

학생이 꾸며 쓴 뒷이야기 ①

수찬이가 울고 있는데 놀이터에 마리 엄마가 오셨다. 엄마는 이제 들어와야 된다고 하셨다. 나는 짜증 나는 얼굴로 '흥' 하며 집으로 갔고, 수찬이는 그새 울음을 그치고 마음이 가라앉았는지 '히히' 웃으면서 집으로 갔다.

나는 집에 왔다. 심심했는데 갑자기 아빠가 오셨다. 나는 아빠를 빨리 내 방으로 들어오라고 했다. "아빠 들어와 봐!" 나는 있었던 일을 아빠에게 다 말했다. 아빠는 내 마음을 알아주셨다. "마리야, 니가 그렇게 화를 내면 수찬이가 우니까 수찬이랑 친하게 지내"라고 말해 주셨다. 나는 마음이 가라앉았다. 그래도 수찬이가 밉다.

학생이 꾸며 쓴 뒷이야기 ②

이제 마리 엄마가 마리, 수찬이를 데리러 공원에 오셨다. 마리와 수찬이가 싸우고 있었다. 마리 엄마가 마리에게 왜 싸우느냐고 물어봤는데 마리가 수찬이를 때려서 싸우고 있다고 했다. 마리 엄마는 마리, 수찬이를 데리고 집으로 돌아갔다. 마리 엄마는 마리를 집에서 혼냈다. 마리 엄마가 마리에게 수찬이한테 사과하라고 해서 마리와 수찬이는 다시 화해를 했다. 수찬이도 마리에게 미안하다고 해서 둘은 가장 친한 남매가 되었다.

■ 나만의 명장면 뽑기

《칭찬 한 봉지》 책에 슬슬 지루함을 느낄 때쯤 학생들과 함께 《칭찬 한 봉지》 명장면을 뽑아 보았다. 지금까지 읽었던 내용 중 가장 재미있고, 흥미로웠던 내용을 골라 3등까지 상을 주겠다고 하자 학생들이 《칭찬 한 봉지》를 앞에서부터 살펴보며 열정적으로 자신만의 명장면을 찾았다.

학생들이 명장면을 다 뽑은 후에는 학급 전체가 돌아가며 발표를 했다. 학생들이 발표를 할 때 교사는 칠판에 그 장면을 적으며 투표 형식으로 학급 명장면을 뽑았다. 이렇게 선정된 우리 학급 《칭찬 한 봉지》 명장면은 다음과 같다.

> **《칭찬 한 봉지》 우리가 뽑은 명장면**
> 1. 맹인과 지팡이 게임, 17표
> 2. 피구 게임, 10표
> 3. 비밀 수첩 적는 장면, 8표
> 기타−마리랑 호민이가 싸우는 장면, 마리가 엄마에게 가서 '한 봉지' 가져와야 한다고 말하는 장면 등

■ 인형극 하기

《칭찬 한 봉지》를 다 읽은 후 전체 내용을 정리하기 위한 마무리 활동으로 '인형극'을 선택했다. 책 내용을 정리하는 활동으로는 여러 가지가 있지만 그중 인형극을 선택한 이유는 인형극 활동이 초등학교 2학년 국어 교과서에도 나올 뿐만 아니라 한 학기 동안《칭찬 한 봉지》를 슬로리딩하며 열심히 익힌 '실감 나게 읽기'를 가장 잘 표현할 수 있는 방법이라 생각했기 때문이다. 또 정적인 활동보다는 동적인 활동을 선호하는 우리 반 학생들의 성향과도 잘 맞았다.

인형극을 하기 전에 먼저 책 내용 중에서 인형극으로 표현하고 싶은 부분을 모둠별로 선정했다. 학생들에게 무작정 고르라고 하면 선택의 폭이 너무 넓어져 고르기 어려울까 봐 내용이 재미있고, 인물의 감정이 잘 드러난 다섯 장면을 보기로 제시했다.

인형극 장면

1. 마리가 준성이 발표 때 끼어들어서 준성이와 마리가 싸우는 장면
2. 마리가 선생님을 관찰하여 비밀 수첩을 적는 장면
3. 마리와 호민이가 맹인과 지팡이 게임을 하는 장면
4. 공원에서 윤아, 마리, 수찬이가 만나는 장면
5. 피구 게임을 하는 장면

인형극으로 나타낼 부분을 모둠별로 선택한 후에는 인형극 대본 작성을 시작했다. 초등학교 2학년 학생들 수준에서 이야기 글을 인형극 대본으로 바꾸는 것은 너무 어려운 일이다. 따라서 교사가 인형극 대본 틀을 학생들에게 제시하고 학생들은 대본 중간중간에 빈칸에 단어를 넣는 식으로 인형극 대본을 완성하게 했다.

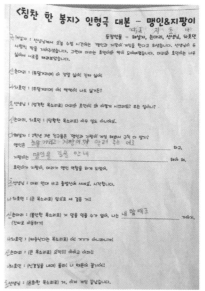

인형극에 필수적인 준비물인 인형은 창체 시간을 활용해 만들었다. 책 삽화 중 인물의 모습이 잘 드러난 사진을 스캔해서 흑백으로 복사한 다음, 색칠하여 젓가락에 붙여서 만들었다.

　학생들에게 인형극 연습할 시간을 많이 주었다. 또 인형극에 등장하는 인형은 얼굴 표정이 밖으로 드러나지 않기 때문에 말을 과장해서 한다는 점을 지속적으로 강조했다. 대사를 말할 때는 평소에 말하는 속도보다 더 천천히 말해야 함도 강조했다. 그동안 슬로리딩 수업을 통해 '실감 나게 읽기'를 꾸준히 연습해 왔기에 학생들이 인물의 감정에 알맞은 목소리로 표현하는 걸 어려워하지 않았다.

　충분한 연습을 하고 나서 모둠별로 인형극을 발표했다. 앉아서 발표를 듣는 학생들이 인형극을 더욱더 진지하고 효과적으로 감상하게 하려고 몇 가지 관점을 제시했다.

인형극 감상 관점
1. 큰 목소리로 천천히 말하는가?
2. 인물의 감정을 살려 실감 나게 읽는가?
3. 장난치지 않고 진지한 태도로 참여하는가?

■ '칭찬 한 봉지' 파티

학생들이 《칭찬 한 봉지》를 읽으며 가장 많이 했던 말이 "나도 칭찬 한 봉지 가지고 오고 싶다!"였다. 슬로리딩을 통해 마리가 되고, 윤아도 되어 보고 또 그들과 같은 반이라고까지 생각할 정도로 등장인물과 친밀감을 느낀 학생들과 함께 책 마무리 활동으로 '칭찬 한 봉지' 파티를 열기로 했다.

'칭찬 한 봉지' 파티는 마리네 학급에서 했던 '한 봉지' 규칙과 똑같다. 먼저 학생 한 사람당 함께 나눠 먹을 수 있는 과자 한 봉지를 들고 오고, 과자와 함께 마실 수 있는 음료수도 한 개씩 들고 오라고 했다. 학생들은 집에서 과자를 준비하며 '마리'가 한 봉지를 준비하면서 느꼈던 설렘과 두근거림을 느낄 수 있었다.

'칭찬 한 봉지' 파티를 끝으로 슬로리딩을 마무리하며 학생들은 물론이고 나에게도 잊을 수 없는 긴 여정의 수업이 끝났다.

《칭찬 한 봉지》
슬로리딩 수업을 마치며

저학년과 함께 슬로리딩 수업을 한 학기 동안 진행한다는 건 나와 학생들 모두에게 큰 모험이었다. 시작하기 전에는 초등학교 2학년 학생들과 함께 과연 슬로리딩 수업을 할 수 있을까 의심스러웠고, 슬로리딩 수업을 하고 있을 때는 내가 과연 제대로 하고 있는 게 맞을까 의심스러웠다. 슬로리딩 수업이 끝난 지금도 이러한 의구심을 해결했다고 말할 자신은 아직 없다.

그래도 한 가지 확신할 수 있는 건 학생들이 슬로리딩 수업을 통해 성장했다는 점이다. 책 읽기를 싫어했던 학생들도 쉬는 시간에 삼삼오오 모여 수업 시간에 했던 것처럼 역할을 정해서 책을 읽었다. 부끄러움이 많아 친구들 앞에 잘 나서지 못했던 친구들도 《칭찬 한 봉지》시간에는 적극적으로 책을 읽고, 인형극에 참여했다. 무엇보다 '겨울' 수업 시간에 '일 년 동안 기억에 남는 일'을 물었을 때 거의 모든 학생들이 《칭찬 한 봉지》시간에 했던 활동을 이야기하는 모습을 보고 '적어도 우리 아이들에게는 잊을 수 없는 추억을 선물했구나' 하는 뿌듯함을 느꼈다.

슬로리딩 수업의 마지막을 한 학기 동안 함께했던 29명 학생들의 소감으로 마무리하고 싶다.

칭찬 한 봉지 덕분에 책을 많이 읽게 되었다.

-진○○

여러 가지 활동과 책을 읽는 게 재미있었다.

-이○○

엊그제 책을 시작한 거 같은데 벌써 끝났다. 피구도 너무 재미있었고, 맹인과 지팡이도 재미있었다.

-김○○

역할극도 있고 재미있는 활동이 많아서 기분이 신나고 즐거웠다. 다음에 또 글을 읽는 시간이 있었으면 좋겠다. 글 읽기가 좋았다.

-신○○

책에 있는 활동을 내가 해서 좋았다.

-김○○

책 속의 '윤아'를 보고 친구한테 잘해 주는 법도 알았고 책을 읽으면서 여러 가지 활동을 해서 좋았다.

-이○○

4장

초등학교 3학년 슬로리딩

책과 하나 되어 행복한
《내 이름은 나답게》

SLOW READING

책과
만나기

시작하며

　슬로리딩. 우연한 기회로 처음 접했을 때 부끄럽게도 나는 슬로리딩에 대해 아는 바가 없었다. 들어 본 적도 없거니와 내가 직접 하리라고는 생각조차 하지 못했다. 우연한 기회에 동료 교사들과 함께 수업 동아리를 통해 슬로리딩 수업에 참여하게 되었다. 사실 자의에 의한 실천이라기보다는 타의에 의해서였다는 말이 더 어울릴지도 모르겠다. 그당시의 나는 날마다 벌어지는 아이들과의 전쟁 같은 생활 속에서 하루하루 버티고 있었다. 그러다 보니 처음 참여 제의를 받았을 때 쉬이 결정을 하지 못했다. 나의 능력을 알기에 잘해 낼 자신이 없었고, 충분치 않은 시간을 할애한다는 것이 그리 반갑지 않았다. 그러나 관련 서적을 읽으면서 슬로리딩에 대한 관심이 조금 생겼고 함께하기를 제안하는 선생님들의 거듭된 권유에 못 이기는 척 합류하게 되었다.

　한 학기의 프로젝트를 마무리하는 이 시점에 돌아보면 내 생각에는 많은 변화가 생겼다. 다소 수동적이던 나는 좀 더 적극적으로 참여할 수 있었으며 내가 생각했던 것 이상으로 많은 경험을 하고 배울 수 있었다. 무엇보다 반 아이들에게 더 나은 경험을 제공함으로써 느끼는 바가 컸기에 교사로서 한 걸음 성장할 수 있는 소중한 시간이었다. 물론 지금 이 글을 쓰면서도 나는 부끄럽게도 여느 교사와 다를 바 없는 아니 오히려 더 많이 부족한 사람이다. 배운 것은 많지만 여전히 모르는 것이 더 많고, 앞으로 배워야 할 것은 더욱더 많다. 그럼에도 이 글을 쓰는 것은 먼저 첫발을 내디딘 자로서 후에 이를 시작할 이들에게 적게나마 도움이 되길 바람에서이다. 이를 위해 그동안 보고 배우고 느낀 것들을 정리해 나누고자 한다.

슬로리딩을 통해

《내 이름은 나답게》 이야기를 읽고 내용을 간추리고 인물의 마음을 이해하며 글을 읽고 느낀 감동을 나눔으로써 자신과 다른 사람의 마음을 헤아리는 힘을 키우고 문학을 좋아하고 감상하는 능력을 향상시키고자 한다.

■ 마음을 헤아리는 힘

아이들과 닮은 '나답게'라는 주인공의 삶을 책을 통해 간접적으로 경험함으로써 인물의 슬픔에 함께 마음 아파하고, 기쁨에 함께 즐거워하게 된다. 이러한 과정에서 마음을 헤아리는 힘을 기르고 더 나아가 타인을 배려하고 존중하는 인성적 측면의 성장까지 도모하고자 한다.

■ 생각하는 힘

'좀 더 빠르게, 효율적으로'를 중시하는 현대 사회에서 1학기의 시간 동안 책 한 권을 배운다는 것은 어쩌면 비효율적일지 모른다. 그러나 그런 사회이기에 그 속에서 자라나는 우리 아이들은 천천히 그리고 깊이 있게 사고하는 경험이 부족하다. 따라서 슬로리딩을 통해 천천히 읽고 깊이 사고함으로써 아이들은 진정으로 생각하는 힘을 기를 수 있다. 이는 무엇보다 중요한 배움의 과정이며 이를 통해 길러진 생각하는 힘은 앞으로 아이들의 삶에서 틀림없이 중요한 역할을 할 것이다.

■ 행복한 책 읽기

우리 아이들은 왜 책 읽기를 좋아하지 않을까? 많은 이유가 있겠지만 그중 대부분은 책을 통해 진정한 '재미'를 느껴 본 경험이 없기 때문이다. 슬로리딩 수업을 통해 아이들이 책에서 진정한 재미를 느끼고 배움이 즐거울 수 있음을 경험하게 해 주고 싶다. 더 나아가 문학을 좋아하고 행복한 책 읽기를 스스로 실천하는 아이들로 성장하기를 기대한다.

어떤 책으로?

내 이름은 나답게

글: 김향이
그림: 김종도
출판사: 사계절

이 책의 주인공인 '나답게'는 다섯 살 때 교통사고로 엄마를 잃고 할머니와 아빠, 고모네 식구와 함께 살아가지만 밝고 천진난만한 개구쟁이 소년이다. 때로는 심한 말썽을 피울 때도 있고, 어머니의 빈자리로 인해 아픔을 겪기도 하지만 할머니를 비롯한 가족들의 사랑을 통해 이를 채워 가고 가족의 소중함을 느끼며 점차 성장해 가는 따뜻한 과정을 그린 이야기이다.

책을 통해
성장하기

마음을 헤아리는 힘

> 3학년 국어과 성취기준
> 읽기) 글쓴이의 마음이나 인물의 마음을 짐작하며 글을 읽는다.

'아이들을 지도하면서 힘든 부분이 무엇인가요?'라는 질문에 많은 교사들이 생활지도라고 대답할 것이다. 나 역시 아이들의 생활지도에서 많은 어려움을 겪는다. 우리는 아이들의 인성적 측면의 성장을 도모하기 위해 늘 많은 시간과 노력을 할애한다. 그런데 많은 노력에 비해 쉽게 결과가 나오지 않는 것 또한 이 부분이다. 나는 감히, 이에 대한 하나의 해결책으로 '마음을 헤아리는 힘'을 제시하고자 한다.

> 마음을 헤아리는 힘
> 다른 사람의 감정을 읽고 감지하고 느낌으로써
> 그의 진심을 가늠할 수 있는 능력

다른 사람의 마음을 헤아린다는 것은 어른들에게도 쉬운 일이 아니다. 하물며 우리 아이들은 어떻겠는가. 대부분의 아이들, 특히 저학년 학생들은 자기중심적 경향이 높은 편이다. 또한 타인의 감정이나 마음을 고려해 본 경험도 많지 않다. 형제, 자매가 많지 않으므로 가정에서도 또래 아이들과 상호작용하는 경험이 부족하고, 맞벌이 가정이라 부모와의 의사소통 기회도 충분치 못한 경우가 많다. 따라서 점차 개인화되어 가는 시대에 우리 아이들이 잘 성장하기 위해 갖추어야 할 것 중 하나는 '마음을 헤아리는 힘'일 것이다. 이러한 힘은 어떻게 길러 줄 것인가? '지피지기면 백전백승'이라는 말이 있다. 우리 아이들이 타인의 마음을 이해하고 함께 조화를 이루며 아름답게 살아가려면 먼저 나 자신에 대해 바르게 이해해야 한다.

나 알기 = 내 이름은 나답게

> "이름이 뭐니?"
> "나답게예요. 아빠가 나답게 살라고 나답게라고 지었대요."

'나답게', 이 슬로리딩 책의 주인공 이름이다. '나답다'는 것은 어떤 의미일까? 내 이름은 나에게 어떤 의미일까? 우리는 평생 수없이 많은 순간에 이름을 들으며 살아간다. 내 이름은 곧 나를 대변하며 나의 존재 그 자체이기도 하다. 아이들은 자신의 이름에 대해 어떻게 생각하고 있을까?

내 이름은: ○○○

뜻: 항상 밝아라, 은혜의 사람, 어질고 빛나는 사람,

지혜로운 사람, 밝게 흘러라

자기 이름이 뜻하는 바를 알고 있는 아이들은 생각보다 많지 않았다. 3학년이 이 활동을 하려면 한자 뜻풀이, 부모님의 도움 등 여러 조력이 필요했다. 그럼에도 아이들은 아주 즐거워했으며 자신의 이름에 뜻이 있다는 사실을 기뻐하며 나름대로 느끼는 바가 큰 듯했다. 평소 집에서 알림장도 잘 확인하지 않던 아이가 밤늦게 자신의 한자 이름을 서툰 글씨로 적어서 무슨 뜻인지 알려 달라며 문자를 보내왔을 때 내 얼굴엔 미소가 번졌다. 아이들은 내 예상보다 더욱 관심을 가지고 적극적으로 참여했다.

매일 듣는 이름이지만 그 뜻을 새로이 알았을 때, 자신의 소중함에 대해 느끼고 스스로의 가치를 생각해 볼 수 있다. 하지만 여러 이유 때문에 이름의 뜻이 없는 경우, 한자를 잘 모르는 경우 등 이 활동에서 소외되는 이름도 있었다. 이런 학생들에게는 교사가 나름의 뜻을 해석해 만들어 주었다. 때로는 아이들을 위한 선의의 거짓말도 필요하지 않을까. 이 활동의 목표는 단순히 이름의 뜻을 아는 것이 아니라 이를 통해 자신의 존재에 대해 생각해 봄으로써 자신이 소중한 존재라는 사실을 느끼도록 하는 것이기 때문이다. 더 나아가 서로의 이름 뜻을 공유해 보면서 친구 역시 나와 마찬가지로 소중하다는 것을 느끼고 이를 통

해 타인을 이해할 수 있는 밑바탕을 형성하기를 원했다.

그 뒤 아이들에게 나는 내 이름대로 살고 있는가를 물었다. 대부분이 아니라고 대답했다. 그렇다면 나는 어떤 삶을 살아야겠는가? 내가 보는 나와 친구가 보는 나의 모습을 비교해 봄으로써 자신이 추구해야 할 가치가 무엇일지, 어떤 삶을 살고 싶은지 생각해 보는 시간을 가졌다.

내가 보는 나, 네가 보는 나

■ 나와 친구에 대한 느낌을 색으로 표현하기

이름	나	○○○	○○○
색깔	하늘색	노란색	초록색
이유	나는 너무 밝은 성격을 가진 것 같다.	활발하고 같이 있으면 좋다.	사과를 잘하고 남을 생각해 줘서.

■ 관련 있는 낱말 찾기

따뜻함	용기	사랑	배려
감사	솔직함	독특함	소심함
유쾌함	다양성	차가움	창의적
긍정적	봉사	열정	상냥함

예상보다 성격이나 특성을 나타내는 말의 뜻을 이해하지 못하는 아이들이 많았다. "선생님, 인내심이 뭐예요?" 이 정도는 이해할 것이라 생각했던 것도 어려워하는 아이들이 있어 낱말의 뜻을 하나하나 설명한 다음에 활동을 제대로 진행할 수 있었다.

■ **나와의 약속**

나는 앞으로 ＿＿＿＿＿ 삶을 살겠습니다.

나는 앞으로 <u>유쾌하고 긍정적인</u> 삶을 살겠습니다.

[나와의 약속]
욕 쓰지 않기
매일 운동하기

너 이해하기

나와 친구에 대해 구체적으로 알아보는 활동을 통해 아이들은 타인을 이해하기 위한 첫발을 내디뎠다. 한 걸음 더 나아가 타인의 마음을 구체적으로 이해하기 위해서 감정 카드를 활용했다.

■ 감정 알기–감정 카드

대부분의 아이들은 자신의 감정을 구체적으로 표현하는 것을 어려워한다.

> **기쁘다, 즐겁다, 재미있다, 화난다, 슬프다**

대부분의 저학년 아이들이 자신의 감정을 표현할 때는 이와 같이 다소 틀에 박힌 감정 표현을 주로 한다. 아이들의 생활 모습, 특히 일기를 보면 이러한 부분이 잘 드러난다. 오늘은 이런 일이 있어서 좋았다, 마지막에는 참 재미있었다. 저학년 아이들이 흔히 사용하는 표현이다.

왜 우리 아이들은 자신의 감정을 구체적으로 표현하는 것을 어려워할까. 그 이유는 다양한 감정에 대해 제대로 배운 경험이 부족하기 때문이 아닐까. 이를 위해 감정 카드를 활용해 다양한 감정에 대해 구체적으로 알아보고 이를 직접 표현해 보는 활동을 했다.

놀이를 활용한 즐거운 수업

아이들은 정적인 수업보다는 다양하고 재미있는 활동 중심의 수업을 선호한다. 감정 카드를 활용한 수업도 아이들이 좀 더 즐겁게 참여할 수 있도록 다양한 놀이를 활용했다. 먼저 아이들에게 다양한 감정 카드를 제시하고 이를 놀이 형식을 통해 익히도록 했다. 어떤 놀이라도 상관없다. 반 아이들이 즐겁게 참여할 수 있고 배울 내용을 효과적으로 익힐 수 있는 것이면 된다. 그중 수업에서 활용한 놀이는 다음과 같다.

■ 같은 감정 카드 찾기

1. 카드가 보이지 않도록 책상 위에 뒤집어 놓는다.
2. 한 사람씩 카드 두 장을 뒤집어 같은 카드를 찾는다.
3. 찾은 카드의 감정을 표정, 몸짓 등으로 짝에게 표현한다.
4. 감정을 제대로, 실감 나게 표현했다면 그 카드를 가져간다.
5. 더 많은 카드를 가진 사람이 승리한다.

같은 감정 카드 찾기 놀이

■ 어떤 감정일까요?

감정 카드를 보고 이를 표현하면 다른 학생들이 이를 보고 어떤 감정을 표현한 것인지 맞히는 놀이. 릴레이(가족오락관), 마리오 게임(PPT) 등 다양한 놀이 접목해 활용함.

이 밖에도 다양한 놀이를 활용할 수 있다. 카드를 이용하는 모든 놀이에 감정 카드를 활용하면 아이들이 좋아하는 놀이 형식을 통해 감정에 대해 배울 수 있다. 이 과정에서 다양한 감정을 이해하는 것뿐 아니라 이를 직접 표현하는 과정을 통해 자신감을 기를 수 있고 자신의 감정을 표현하는 연습도 할 수 있다.

다양한 감정의 종류를 알고 놀이를 통해 이를 실감 나게 표현하는 것을 연습했다. 아이들은 특히나 감정을 실감 나게 표현하는 활동을 재미있어했다. 평소 다소 내향적인 아이들도 이 활동에 더욱 적극적으로 참여했다.

■ 활동의 효과

- 어휘 능력 향상
- 나 전달법 효과적 수행
- 내향적 아이들의 표현 능력, 자신감 향상
- 긍정적 의사소통 경험
- 쉬는 시간, 점심시간 바람직한 놀이 활동 제공

■ 카드 보관 봉투 만들기

카드뿐 아니라 여러 학습 자료를 활용한 수업이 끝나면 교실 바닥에 그 자료들이 굴러다니는 것이 심심찮게 보인다. 이를 예방하기 위해 나만의 감정 카드 봉투를 만들어 카드를 보관했다.

효과: 아이들이 직접 봉투를 만들다 보니 카드를 함부로 대하지 않고 소중히 보관한다. 수업에서 계속해서 감정 카드를 활용할 수 있다.

단점: 만들기를 어려워하는 학생들은 교사의 많은 도움이 필요하다. 저학년은 만들어진 봉투를 교사가 나누어 주고 꾸미는 활동으로 대체하는 것을 추천한다.

나만의 감정 카드 봉투

인물 이해하기

3학년 국어과 성취기준
[읽기] 글쓴이의 마음이나 인물의 마음을 짐작하며 글을 읽는다.

[교과서] 인물의 마음을 짐작하는 방법
말과 행동 살펴보고, 까닭, 그때의 인물의 마음 예상
마음을 직접 표현한 부분/ 모습이나 행동을 표현한 부분

▪ 아이들이 직접 만드는 감정 카드

여러 감정에 대해 알아보고 이번에는 아이들에게 직접 감정 카드를 만들어 보게 했다. 빈 틀을 제공하여 책 속에서 인물의 감정이 드러나는 부분을 찾아 적고 그때의 표정을 그려 보게 했다. 카드 뒷면에는 그 감정을 찾을 수 있는 인물의 말이나 행동을 간단하게 한 문장으로 찾아 적도록 했다. 3학년 국어과에서는 인물의 마음을 짐작하는 방법을 배운다. 인물의 말과 행동을 살펴보고 이러한 행동을 한 까닭을 생각해 봄으로써 그 상황에서의 인물의 마음을 짐작해 보는 것이다. 교과서 내용과 연계해 이 슬로리딩 수업에서는 인물의 감정이 드러나는 책속 문장을 찾아 감정 카드 뒷면에 적어 보고, 그때 인물의 마음을 생각해 직접 감정 카드를 만들어 봄으로써 이를 자연스럽게 익힐 수 있도록 했다.

내가 만든 답게의 감정 카드

처음부터 감정 카드를 직접 만들어 보라고 했더라면 아이들은 어려워했을 것이다. 다양한 감정에 대해 충분히 배우고 난 뒤 본 활동을 했기에 대부분의 학생들이 활동에 적극적으로 참여했으며 책 속에서 인물의 마음을 잘 짐작해 이를 다양하게 표현했다. 하나의 문장 속에서도 아이들은 다양한 감정을 찾아내었다. 본 활동을 통해 아이들은 책 속 인물의 마음을 더 구체적으로 생각하고 느끼고 공감할 수 있었다. 뿐만 아니라 여러 친구들의 다양한 생각을 공유하는 과정을 통해 사고를 확장할 수 있으며 이 모든 과정을 통해 마음을 헤아리는 힘을 기를 수 있었다.

이렇게 만든 감정 카드는 한 차시 수업에서 끝나는 것이 아니라 책의 각 장을 공부할 때 누적해서 활용했다. 《내 이름은 나답게》는 전체 이야기가 장별로 구성되어 있다. 그래서 매 장을 시작할 때에 감정 카드를 활용해 그 장에 나오는 사건에서 인물들의 감정에 대해 알아보는 활동을 했다. 슬로리딩 수업은 책을 깊이 있게 천천히 공부하는 과정이다. 따라서 이러한 누적 활동을 통해 아이들은 좀 더 깊이 있게 공부할 수 있고 이를 내면화할 수 있다. 이것이 슬로리딩 수업의 또 하나의 장점이다.

교과서는 내용별로 단원이 구성되어 집중적으로 학습할 수 있는 장점이 있다. 그러나 해당 단원의 학습이 끝나면 새로운 단원에서는 전에 배운 지식이 거의 활용되지 않는다. 물론 학년별로 연계된 교육과정을 통해 초등 전 과정에서 점차 심화, 발전된 학습을 하지만 아직은 단편적 학습에 익숙한 우리 아이들은 대부분 이것을 잘 체감하지 못한다. 슬로리딩 수업을 통해 이러한 한계를 극복하고 한 학년 수업 내에서 좀 더 깊이 있는 학습을 할 수 있다. '인물의 마음 헤아리기'라는 학습을 한 단원 내에서 공부하고 끝내는 것이 아니라 지속적으로 학습함으로써 아이들은 더욱 깊이 있게 학습할 수 있고 그 내용을 쉽게 내면화할 수 있다.

■ 같은 내용도 다양한 방법으로

슬로리딩은 이 같은 부분에서 정말 효과적이지만 그 이면에는 이로 인한 한계도 있다. 같은 활동이 지속될수록 아이들의 집중력이 현저히 떨어는 것이다. 대부분의 사람들은 새로운 것에 대한 흥미가 높다. 이는 슬로리딩 수업에서도 마찬가지였다. 처음 슬로리딩을 소개하면서 교과서가 아닌 책으로 공부할 것이라고 했을 때 호기심으로 빛나던 그 눈들은 시간이 지나면서 점차 시들해졌고, 비슷한 활동을 지속적으로 해나가면서 슬로리딩 책이 마치 제2의 교과서 같은 존재가 되어 버리기도 했다. 한 학기 동안 수업을 진행하면서 이 부분이 가장 어려웠던 점 중 하나이다.

따라서 이러한 한계를 극복하고 끝까지 아이들이 흥미와 집중력을 잃지 않도록 최대한 다양한 활동을 제공하고자 했다. 이를 위해 비슷한 활동이라도 도구, 형태 등 여러 기법들을 달리하여 다양하게 적용했다. 이를 위해 사용한 또 하나의 방법이 모둠 학습이다.

□ 학습 형태의 다양화

같은 감정 카드를 활용한 인물의 마음 헤아리기 수업도 놀이, 빈 카드 채우기, 책에 붙이기, 모둠 활동판으로 협력해서 만들기 등 최대한 다양한 방법을 제공해 아이들이 끝까지 흥미를 잃지 않고 매 시간 적극적으로 학습에 참여할 수 있도록 도왔다. 모둠 형태의 수업은 다음과 같은 방식으로 진행했다.

모둠 활동판을 통해 한 장의 이야기를 중요한 장면에 따라 간추린다. 그리고 각 장면별 주요 감정들을 모둠 친구들과 함께 의논해 정리하고 이를 모둠 활동판에 붙인다. 본 활동에서는 감정 그래프 형식을 활용했다. 가운데에 반직선을 그려 줌으로써 아이들이 감정 카드를 붙일 때 각 장면별로 긍정적, 부정적 감정을 나누어 순서대로 붙이게 했다. 이를 통해 인물의 마음을 해당 장면별로 분절적으로 학습하는 것이 아니라 한 장 전반에 걸친 전체 맥락 속에서 학습할 수 있도록 했다. 전반적인 이야기의 흐름 속에서 인물의 마음 변화를 감정 그래프의 변화를 통해 직관적으로 이해할 수 있기 때문이다.

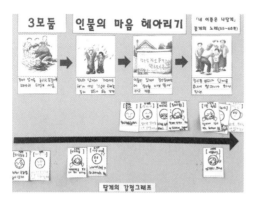

모둠 활동판으로 정리한 감정 그래프

단, 3학년 특성상 이러한 활동을 하려면 인물의 감정 변화를 아이들의 눈으로 쉽게 찾을 수 있어야 한다. 따라서 본 활동은 사건을 통해 인물의 감정 변화가 두드러지게 나타나는 이야기가 나오는 장을 선정해 수업을 진행했다. 《내 이름은 나답게》에서는 '4장 꽃게의 노래' 부분을 선정했다. 인물 간의 갈등이 장의 주 내용이기에 사건 전개가 눈에 띄고 특히 인물의 감정 변화가 두드러지게 나타나는 부분이기 때문이다.

□ 학습 도구의 다양화

전과 같은 재료인 틀만 있는 빈 감정 카드에 더해 재접착 풀을 아이들에게 제공했다. 만든 감정 카드를 책의 해당 부분에 직접 붙여 보게 하고 이를 다른 친구들과 공유함으로써 덧붙일 수 있도록 했다. 이러한 방식은 발표를 통한 결과 공유 활동에서 다른 사람의 의견에 집중하지 못하는 단점을 극복할 수 있었다. 친구들과 돌아다니며 직접 공유하는 과정을 통해 제한 시간 내에 더 많은 의견을 나누고 서로 상호작용하는 과정을 통해 보다 폭넓게 학습할 수 있었다.

감동 느끼기

감동은 감정이입을 통해 책 속 인물의 마음을 깊이 있게 이해하고 이
를 진정으로 헤아릴 때 느낄 수 있는 것이다. 단순히 감동적인 내용, 슬
프거나 교훈적인 이야기를 읽고 든 생각이나 느낌을 나누는 것에서 그
치지 않아야 한다. 이에서 한 걸음 더 나아가 이야기 속 인물을 진정으
로 이해하고 그 입장이 되어 봄으로써 느끼는 바가 진정한 감동이라 부
를 수 있지 않을까. 인물의 마음을 이해하고 그 입장이 되어 보는 것.
아이들이 이곳까지 다다르기를 기대하며 다음의 활동을 진행했다.

■ 역할 놀이

당신의 수업에서 역할 놀이를 한다고 가정해 보자. 준비가 많이 필요
할 것 같고, 아이들이 소란스러워질 것이며, 모든 학생들의 적극적인 참
여를 이끌어 내기 힘들 것이라는 걱정이 앞설 것이다. 사실 그렇다. 나
역시도 그랬다. '머리띠는 언제 다 만들지?', '교실이 소란스러워지면 어
쩌지', '발표를 하라고 하면 입조차 열지 않는 아이들은 어떡해야 하지'
등 여러 걱정이 앞섰다. 그러나 무작정 일단 해 보니 생각보다 복잡하지

않았다. 아이들은 좋아했다. 이것이면 충분하다.

단순히 책을 읽고 인물의 마음을 생각해 보는 것과 내가 직접 책 속 주인공이 되어 그 상황을 재연해 보는 것. 둘 중 어느 것이 더 효과적일까. 정답은 없겠지만 나는 후자를 선택했다. 그냥 책 읽기를 할 때 단순히 읽는 것 대신에 아이들에게 역할을 부여해서 읽도록 하는 것, 중요한 장면이라고 판단되는 부분에서 모둠별로 한번 재연해 보는 것, 아이들이 좋아하는 장면에서 직접 대본을 만들어 역할극을 해 보는 것 등 이 모든 것이 비록 단순한 형태의 역할 놀이지만 아이들에게는 아주 효과적인 방법이 되었다.

사실 3학년 아이들이 역할을 실감 나게 잘 표현하기는 쉽지 않다. 이는 고학년에서도 마찬가지일 것이다. 더군다나 이 슬로리딩 수업에서는 감정에 대해 충분한 공부를 했음에도 아이들의 수행이 나의 기대치에 못 미치는 것이 사실이었다. 그럼에도 아이들은 즐거워했고, 보다 집중했고, 비록 직접 표현하지 못했다 할지라도 친구들의 표현을 관찰했으며, 이 모든 과정을 통해 책 속 인물이 되어 보았다. 이를 통해 진정한 감동을 느낀 것이다.

■ 빈 의자 기법

인물의 마음을 헤아려 진정한 감동을 느끼기 위한 또 하나의 장치로 빈 의자 기법을 활용했다. 이는 상담에서 활용하는 치료 기법 중 하나지만 본인은 단순히 해석하여 교실의 빈 의자 하나에 '나답게'라고 이름을 붙였다. 처음에 아이들은 "선생님, 이게 어떻게 답게예요, 그냥 의자잖아요"라는 반응을 보였다. 그러나 막상 수업에서 활용해 보니 생각보다 효과가 좋았다.

《내 이름은 나답게》는 이야기 전체가 1인칭 주인공 시점으로 '나답게'라는 주인공의 입을 통해 모든 사건이 서술된다. 등장인물도 그리 많지 않다. 주인공과 주변 인물 몇 명이 전부이다. 따라서 이야기의 진행에 따른 주인공 답게의 감정과 이의 변화를 파악하는 것이 무엇보다 중요하다. 책은 총 8장으로 구성되어 있다. 물론 각 장에서 인물의 감정을 파악하기는 했지만 그중에서도 인물의 감정이 중요하게 다뤄지는 장이 있다. 수업할 때 이 부분을, 앞에서 소개했던 다양한 방법으로 인물의 감정에 대해 학습한 뒤 마지막 정리 활동으로 학습을 통해 느낀 점이나 인물에게 하고 싶은 말 등을 빈 의자를 통해 답게에게 전달하도록 했다.

대부분의 아이들은 자신의 생각을 표현하는 것, 그중에서도 특히 글로 적는 것을 어려워한다. 그냥 활동을 통해 느낀 점을 활동지에 적어 보라고 하면 아이들은 구체적으로 잘 적지 못한다. 슬로리딩 수업 초반에 다음과 같은 활동지를 아이들에게 준 적이 있다.

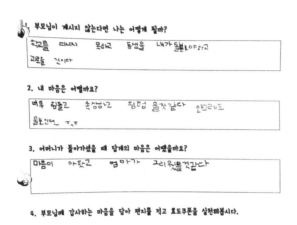

1. 부모님이 계시지 않는다면 나는 어떻게 될까?

> 학교를 다니지 못하고 동생을 내가 돌봐야하고
> 괴로울 것이다

2. 내 마음은 어떨까요?

> 매우 힘들고 속상하고 펑펑 울것같다 안그래도
> 울었는데 ㅠㅅㅠ

3. 어머니가 돌아가셨을 때 답게의 마음은 어땠을까요?

> 마음이 아프고 엄마가 그리웠을것같다

4. 부모님께 감사하는 마음을 담아 편지를 적고 효도쿠폰을 실천해봅시다.

슬로리딩 수업 초기의 활동지 일부

본 수업에서 의도한 바는 슬로리딩 수업을 진행한 지 얼마 지나지 않은 시기이므로 아이들에게 구체적인 질문을 던짐으로써 더욱 쉽게, 그리고 구체적으로 답게의 마음을 생각해 보게 한 것이다. 물론 나름의 효과는 있었다. 아이들은 그냥 책을 읽을 때보다는 구체적 질문을 바탕으로 책을 읽을 때 주인공의 상황과 입장을 좀 더 자세히 생각해 보는 듯했다. 그러나 글로 표현하는 것이 서툰 몇몇 아이들은 활동지를 제대로 채우지 못했다. 이 같은 경우가 발생하지 않기 위한 방법을 고민하다 찾은 것이 바로 말로 전달하는 것이다. 그냥 '발표해 보자'가 아닌 의자를 통해 가상의 상황을 설정해 주는 것이다.

예를 들어 '꽃게의 노래' 부분은 다음과 같은 방식으로 수업을 진행했다. 삽화를 통해 이야기를 간추려 내용을 파악하고 각 장면에서 느낄 수 있는 감정을 감정 카드를 활용한 감정 그래프 형식으로 정리해 봄으로써 장 전체에서 인물의 감정 변화를 구체적으로 알아보았다. 그 뒤 답게에게 해 주고 싶은 말을 전달하게 하는 것이다.

생각하는 힘

■ 어휘 학습

자신이 모르는 단어가 반 이상인 책. 누가 이 같은 책을 읽고 잘 이해했다고 말할 수 있을까. 물론 우리는 앞뒤 맥락을 통해 의미를 유추하여 책을 읽을 수는 있다. 그러나 아이들은 이렇게 하는 게 쉽지 않다. 아무리 좋은 책, 재미있는 책일지라도 기본적인 어휘를 모르면서 책의 내용을 이해하는 것은 쉽지 않다.

슬로리딩 수업에서도 마찬가지이다. 책 선정에서 고려해야 할 중요한 것 중 하나는 바로 아이들의 어휘 수준에 적합한 책인가이다. 물론 고려해야 할 다른 요소도 많지만 기본적으로는 아이들이 책을 읽을 때 쉽게 이해할 수 있으며, 학습을 진행하면서 어려움이 없는 아이들의 성취 수준에 적합한 책이어야 한다.

그러나 한 교실 안에는 다양한 학생이 존재한다. 아이들의 어휘 수준은 다양하며 기본적으로 우리 아이들은 모르는 단어가 너무나 많다. 쉬운 단어라 할지라도 들어 본 적은 있으나 정확한 뜻을 알지 못하는 경우가 대부분이다. 이러한 아이들과 슬로리딩 수업을 한다는 것은 만

만치 않다. 내 경우도 나름대로 적합한 책을 선정했다고 생각했지만 막상 수업을 해 보니 아이들이 모르는 단어들이 너무나 많았다. 책의 내용을 제대로 이해하기도 전에 모르는 단어의 뜻을 설명하느라 한 차시를 꼬박 보낸 적도 있다.

책 일부를 읽고 그중 모르는 단어가 있으면 칠판에 적어 보라고 한 적이 있었다. 점심시간 후에 칠판을 보았을 때 나는 아이들의 글씨가 칠판을 가득 메운 것을 보고 놀라지 않을 수 없었다. 책의 범위가 많지 않았고 중복되는 단어도 적지 않았음에도 불구하고 몇 장 남짓 분량의 책에는 아이들이 모르는 어휘가 너무나 많았다. 심지어는 지난 시간에 학습한 어휘임에도 형태가 달라진 그것이 적혀 있는 것을 보고 허탈하기도 했다. 그 이후로 나는 어휘 학습을 단순히 설명식으로만 진행해서는 안 되겠다는 생각이 들었다. 어휘 학습에 보다 비중을 두어 주요 활동으로 다루어야겠다고 판단한 것이다.

가	나	미	리	스	루	디	사	시	뵙
랑	풀	무	치	마	는	미	루	가	고
바	다	람	쥐	며	느	리	민	방	소
참	사	미	방	쇠	뿔	났	둥	끈	공
사	외	술	울	고	생	다	산	리	포
마	리	꼭	방	기	다	울	본	그	증
귀	비	울	지	아	바	신	고	니	말
신	나	비	벼	잎	깨	가	파	르	다

어휘 학습지 - 낱말 찾기

책을 읽고 모르는 단어를 찾아 그 뜻을 교사의 설명을 통해 이해하는 것. 아이들은 이 같은 전형적인 수업에는 그다지 흥미를 느끼지 못한다. 저학년의 경우 어휘 학습을 위해 사용할 수 있는 방법이 그리 많지 않다. 흔히들 모르는 단어의 뜻을 찾을 때는 사전을 활용하지만 국어사전의 사용법은 4학년 때 학습한다. 물론 스마트폰이나 컴퓨터를 활용해 검색하는 방법도 있지만 이는 현실적으로 어려움이 많다. 어떻게 하면 교사의 일방적 전달이 아닌 다른 방법으로 3학년 아이들이 어휘 학습을 할 수 있을까. 정답은 활동 형식에 변화를 주는 것이다.

본 활동에 대한 아이들의 흥미는 매우 높았다. 모르는 낱말의 뜻을 교사가 설명해 주는 방식에는 변함이 없으나 그 낱말을 찾은 주체는 아이들이 되는 것이다. 자신들이 직접 즐거운 활동을 통해 찾아낸 것이므로 그 단어의 뜻을 더욱 궁금해했고, 교사의 설명을 더욱더 경청하여 잘 기억하려고 했다. 단순한 학습지 하나도 우리 아이들에게는 많은 영향을 미칠 수 있음을 실감한 것이다.

■ 띄어쓰기

3학년 국어과의 내용 중에서 아이들이 가장 어려워하는 부분은 문법이다. 그중에서도 특히 아이들은 띄어쓰기를 가장 어려워한다. 어떻게 하면 아이들이 띄어쓰기를 분절적이 아닌 자연스러운 맥락 속에서 즐겁게 학습할 수 있을까? 정답은 슬로리딩 수업에서 찾을 수 있었다.

기본적으로 배워야 할 문법 지식은 교과서 내용을 바탕으로 학습한 뒤 배운 내용을 적용하는 부분을 슬로리딩 수업으로 구성했다. 반에는 띄어쓰기를 배우지 않은 부분까지 잘하는 아이들이 있는 반면 기본적인 단어 사이를 띄어 쓰는 것조차 어려워하는 아이도 있다. 이 모두의 공통점은 바로 정답이 정해져 있는 문제, 즉 쉽게 정답을 찾을 수 있는 문제를 좋아한다는 것이다.

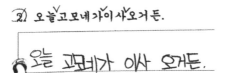

책 속 문장 띄어쓰기 활동지

책에 나오는 문장을 띄어쓰기를 하지 않고 모두 붙여 적은 뒤 아이들에게 직접 바르게 띄어 써 보도록 했다. 이 활동은 특히 국어를 어려워하는 아이들이 더 좋아했다. 자신이 어려워하는 부분이지만 책 속에 정답이 있으므로 찾아 적을 수 있어 다른 아이들과 마찬가지로 활동을 해낼 수 있다는 사실이 즐거운 듯 보였다. 또한 아이들은 이 활동을 단순히 '띄어쓰기 문제를 푼다'라는 것으로 받아들이지 않고 하나의 활동을 수행하는 것으로 받아들였다. 즉, 교과서 속 문제를 푸는 것이 아니라 책을 이용한 재미있는 활동을 한 것이다. 사소한 접근 방식에 변화를 주었을 뿐이지만 아이들이 받아들이는 차이는 생각보다 컸다. 다소 국어 성취가 낮은 학생들도 활동에 적극적으로 참여하는 것을 보면서 아이들의 입장을 생각한 학생 중심의 다양한 활동의 중요성을 몸소 느꼈고 이를 준비하기 위한 동기 또한 새롭게 부여받을 수 있었다.

■ 내용 간추리기

아이들은 글쓰기를 매우 어려워한다. 특히나 구체적인 방향이나 관점이 제시되지 않고 그냥 글을 써 보라 했을 때 대부분의 아이들은 잘 적지 못하고 몇몇은 아예 손도 못 대는 경우도 있다. 줄거리 요약하기도 마찬가지다. 아이들에게 책과 빈 종이를 주고 "이 책의 내용을 요약해 보세요"라고 하면 쉬이 적을 수 있는 아이가 몇이나 될까. 대부분의 아이들은 '선생님 뭘 적어야 해요?'라고 질문할 것이다. 3학년 국어과에서는 시간과 장소의 변화에 따라 중요한 사건 중심으로 이야기 간추리기를 학습한다.

> **3학년 국어과 성취기준**
> [읽기] 글을 읽고 대강의 내용을 간추린다.
> [문학] 이야기의 흐름을 파악하여 내용을 간추린다.

그러나 이 역시도 표의 일부분과 예시를 주고 나서야 겨우 빈칸을 채울 수 있는 아이들이 많다. 그렇다면 이야기 간추리기는 고학년이 되고 나서야 제대로 할 수 있을까? 그렇지 않다. 이를 해결할 수 있는 열쇠는 삽화에 있다.

■ 삽화에 따라 내용 간추리기

아이들이 이야기 간추리기를 어려워하는 이유는 이야기의 전반적인 흐름이 머릿속에 있지 않기 때문이다. 부분적인 내용 파악은 곧잘 하는 아이도 전반적인 흐름을 바탕으로 내용을 간추리는 것에는 어려움을 느낀다. 따라서 주요 장면별 삽화를 활용해 방향을 제시해 주었다. 확실히 삽화를 보고 이야기를 간추려 보라고 했을 때 아이들은 좀 더 풍부하고 정확하게 이야기의 내용을 간추릴 수 있었다.

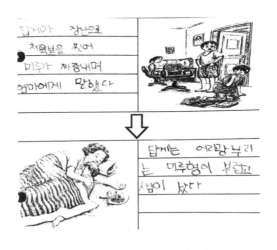

삽화에 따라 내용 간추리기 활동지

표현의 자유를 주되 최소한의 방향을 제시해 주는 것. 이로써 아이들은 자신의 머릿속에 들어 있는 생각을 밖으로 꺼내 글로 표현하고 이를 보다 정교화시킬 수 있다. 본 활동을 바탕으로 아이들이 내용 간 추리기에 익숙해지면 추후에는 방향을 제시하지 않아도 아이들 스스로 잘해 내는 것을 발견할 수 있다.

책과
하나 되기

맺으며

한 권의 책으로 아이들과 함께했던 한 해가 끝났다. 길다면 길고 짧다면 너무나 짧았던 시간이다. 지나고 나니 '이렇게 할걸', '그때의 그 방법보다는 이 방법이 더 좋았을 텐데' 하는 아쉬움이 생기기도 한다. 때로는 고민거리가 늘고 생각이 많아져 중간에 그만두고 싶을 때도 많았다. 그래도 포기하지 않고 끝까지 마무리할 수 있는 것은 바로 우리 아이들 때문이다.

슬로리딩, 사실 한 해라는 짧은 시간으로 이를 다 알았다고 말하기에는 어려움이 있다. 슬로리딩을 처음 접할 때에는 뭔가 거창해 보이고, 여느 다른 방법과는 달리 특별한 무언가가 있을 것 같은, 뭔가 대단한 변화가 생겨야만 할 것 같은 그런 생각이 들 것이다. 나 역시도 그랬다. 슬로리딩 수업을 계획하면서 나는 우리 아이들이 '책과 하나 되기'까지 이르기를 바랐다. 한 학기라는 기간은 부족해서일까, 나의 역량이 부족해서일까. 솔직히 말하면 우리 아이들에게 엄청난 변화가 생기지는 않았다. 아직 책과 하나 되는 데까지는 이르지 못한 것이다. 그렇지만 적어도 아이들이 책과 조금은 더 가까워졌다. 슬로리딩 수업을 시작할 때에 우리 아이들에게 책이란 어떤 존재인지 알아본 적이 있다.

> 책이란 _____ 이다.
>
> 송○○: 책은 용암이다. 책을 읽으면 몸이 녹는 것처럼 괴롭다.
> 김△△: 책은 잠이다. 책만 보면 잠이 온다.

이 같은 반응이 대부분이었다. 이렇듯 책이라면 읽기도 전에 거부감이 먼저 들던 아이들이 슬로리딩 수업을 통해 그 거리감을 극복하고 책과 조금 더 가까워졌다. 작지만 너무나 큰 변화가 생긴 것이다.

책은 그래도 괜찮은 구석이 있다.

그냥 이 정도의 느낌을 우리 아이들이 느끼고 경험할 수 있다면 이 프로젝트는 성공이라 할 수 있지 않을까. 혹자는 '너무 무책임한 것 아니냐, 뚜렷한 성과를 보여 달라'라고 비판하며 도대체 슬로리딩을 하라는 것인지, 하지 말라는 것인지 의문을 가질지도 모르겠다. 이렇게 이야기하고 싶다. 아이들에게 생긴 그 사소한 변화로 인해 이 도전은 해 볼 만한 충분한 가치가 있다.

매주 화요일은 책 한 권 읽고 독서록 검사받는 날, 책은 아침활동 시간에 선생님에게 혼나지 않기 위해 펼쳐 두는 것. 이런 생각이 너무나도 당연하던 우리 아이들이 선생님이 시키지 않았는데도 스스로 학급문고에서 책을 찾아보고, 점심시간에는 친구와 도서관에 가서 책을 빌려 본다. 책이라는 존재가 아이들의 삶의 영역으로 자연스레 한 걸음 들어온 것이다. 이것이 바로 슬로리딩 프로젝트를 끝까지 마무리할 수 있었던 가장 큰 원동력이다.

나도 그리고 우리 아이들도 아직은 첫발을 내디딘 시작 단계에 불과하다. 이제 슬로리딩으로 생긴 사소한 변화를 통해 점차 책을 가까이하고 책과 소통함으로써 결국에는 책과 하나 되는 단계에 이를 것이다.

시작이 반이다.

그 시작을 좋은 책과, 좋은 사람들과, 그리고 슬로리딩과 함께했기에 나의 2016년은 그래도 괜찮은 한 해로 기억될 것이다.

초등학교 4학년 슬로리딩

책 읽기의 재미가 샘솟는
《샬롯의 거미줄》

책과
만나기

'성취기준과 책'이라는 보물, 둘 다 잡기

'슬로리딩 수업을 4학년에 적용해도 국어과나 다른 과목들의 성취기준을 달성하는 데 무리가 없을까?'

이런 우려와 함께 슬로리딩 수업을 시작했다.

먼저 각 교과들의 성취기준을 살펴보았다. 그중 책 한 권으로 재구성할 수 있는 국어과의 성취기준들은 쉽게 찾을 수 있었다.

《샬롯의 거미줄》로 재구성한 수업의 성취 기준들

▶ 글을 읽고 대강의 내용 간추리기(국어)
▶ 낱말들을 분류해 보고 국어사전에서 낱말 찾기(국어)
▶ 알맞은 이유를 들어 자신의 의견이 드러나는 글쓰기(국어)
▶ 글을 읽고 중심 생각 파악하기(국어)
▶ 내용을 이해하기 쉽게 발표하고, 다른 사람의 발표를 평가하며 듣기
　(국어)
▶ 전달할 내용을 효과적으로 표현하는 미적 체험하기(창·체)
▶ 우정을 행동으로 실천하기(창·체)

《샬롯의 거미줄》책으로 재구성한 수업의 성취기준 중 특히, '대강의 내용 간추리기'와 '글을 읽고 중심 생각 파악하기'는 아이들이 어려워한다.

이야기를 읽은 후 내용을 간추리는 것은 사건의 전후 인과관계를 명확하게 파악해야 하므로 고도의 집중력이 필요하다.

또한 글의 주제를 파악하려면 인물의 말과 행동을 통해 글쓴이가 말하고자 하는 것이 무엇인지 알아야 한다. 그러려면 마음을 열어 인물에 충분히 공감해서 몰입한 후 읽기를 해야 가능하다.

그런데 우리 아이들은 주변의 작은 자극에도 쉽게 집중력이 흐트러진다. 특히 학습만화에 길들여져 시각적인 정보 없이 글로만 제시된 이야기에 빠져들기가 어렵다. 깊이 있게 읽지 못하므로 인물에게 공감하기는 더욱 어렵다.

그래서 슬로리딩 수업을 통해 교사나 친구들과 함께 이야기의 장마다 일어난 사건을 명료하게 이해하게 하여 그 흐름을 제대로 간추릴 수 있게 하고자 했다. 또 책이 전하고자 하는 가치를 함께 알아보고 인물의 마음을 심층적으로 알아보는 다양한 활동을 통해 주제를 파악하는 힘을 길러 주고자 했다.

그 밖에도 국어 사용 능력에 꼭 필요한 어휘력과 조사한 내용을 쉽게 발표하는 능력도 길러 주고자 했다.

창의적 체험활동 시간에도 책이 주는 주요 메시지를 실천해 볼 기회를 주고자 했다. 우정의 의미를 되새겨 보고 친구를 위한 도움 활동으로 우정을 돈독히 하는 계기를 마련해 주고 싶었다. 또한 책 속 거미줄

글을 직접 짜 봄으로써 샬롯이 친구를 위해 애쓴 마음을 느껴 보고 미적 체험을 할 수 있게 하고자 했다.

슬로리딩 수업으로 교육과정 속 국어과의 성취기준을 달성하는 것 이외에도 여러 인물들이 처한 상황에서 그들이 하는 말과 행동을 통해 인간의 삶을 총체적으로 이해할 수 있는 힘을 길러 주고자 했다. 그리고 이야기 속 갈등과 그것을 해결해 가는 과정이 잘 드러난 글에서 재미를 느끼고 섬세한 표현의 아름다움을 느껴 심미적 감성을 기르는 데 도움을 주고자 했다.

무엇보다 이러한 힘을 길러 줄 수 있는 가치롭고 보배로운 것이 책이라는 것을 일깨우고 책을 읽어 얻을 수 있는 울림이 큰 기쁨을 아이들에게 선사하고자 했다.

《샬롯의 거미줄》 선정 이유

책 읽는 습관이 제대로 형성되어 있지 않은 아이들이 많아 '흥미'를 책을 선택하는 첫 번째 기준으로 삼았다.

《샬롯의 거미줄》은 돼지와 거미 등 동물들에 빗대어 현실 속에서 일어나는 일들이 실감 나게 전개되고 우정이라는 가치를 감동적으로 그려 가고 있다. 교육심리학자들의 독서 발달 연구에 의하면 초등학교 저학년부터 지속적으로 관심 있는 이야기 영역이 바로 '우화'라고 해서 《샬롯의 거미줄》도 관심 있어 할 것 같았다.

또한 이 책은 사건의 전개과정이 분명해 이야기를 간추리기에 어렵지 않고 주제가 명확하여 국어과의 성취기준들을 달성하는 데 적합하다고 느꼈다.

특히 이야기의 주제가 친구 사이의 우정이므로 경쟁이 심화된 사회에서 개인주의적 성향이 짙어져 가는 아이들이 길러야 할 우선적 가치가 인간에 대한 믿음과 우정이라고 생각해 이 책을 선정했다.

《샬롯의 거미줄》 줄거리

샬롯의 거미줄

글 : 엘윈 브룩스 화이트
그림 : 가스 윌리엄즈
옮긴이 : 김화곤
출판사 : 시공주니어

무녀리(한 태에서 태어난 여러 마리의 새끼 가운데 맨 먼저 나온 새끼)로 태어나 허약하다는 이유로 죽임을 당할 뻔한 아기돼지 윌버는 농장주의 딸인 펀의 간청으로 목숨을 구하게 된다.

윌버는 펀의 집에서 자라다 6달러에 펀의 삼촌에게 팔려 그곳 헛간에서 새로운 동물 친구들과 같이 생활하게 된다.

낯선 헛간에서 친구가 없어 외로운 윌버에게 거미인 샬롯이 다가와 친구가 되어 준다. 겨울이 되면 사람들이 잡아먹을 것이라는 것을 알고 두려움에 떠는 윌버를 위해 샬롯은 꼭 구해 주겠다는 약속을 한다.

샬롯은 고민 끝에 윌버를 돋보이게 하려고 거미줄로 '대단한 돼지'라는 글을 짜고 윌버를 그 글 아래 서 있게 한다.

사람들은 윌버가 신의 계시를 받은 특별한 돼지라고 구경하며 잘 돌보아 준다. 샬롯이 계속해서 글을 바꾸어 거미줄을 짜 주던 어느 날 사람들은 윌버를 품평회에 내보내어 상을 받게 하려고 했다.

윌버는 돼지 품평회에서 샬롯의 도움으로 특별상을 수상해 더 이상 목숨이 위태로운 일은 없어졌다. 샬롯은 윌버를 위해 끝까지 최선을 다했고 거미 알을 낳고 나서 품평회장에서 쓸쓸히 죽는다.

윌버는 슬픔 속에서도 샬롯의 알들을 다시 헛간으로 데리고 와 알에서 깨어나도록 도와준다. 샬롯의 알들은 대부분 헛간을 떠나게 되지만 몇 마리는 대를 이어 남아서 윌버와 친구가 되어 행복하게 지낸다.

슬로리딩,
내 수업 속으로 들여오기

어휘력에 날개를 달다

많은 학생들이 글이나 책 읽는 것을 싫어한다. 생소하거나 추상적인 낱말이 많은 글 읽기는 더욱 힘들어한다.

책을 천천히 깊이 읽어 내용을 잘 받아들이고 공감하기 위해서는 책 속에 나오는 다양하고 어려운 어휘들을 반드시 이해해야 한다. 어휘력이 풍부하면 대화 내용이나 읽은 글의 내용을 정확하게 이해하고, 생각과 경험을 효과적이고 창의적으로 표현할 수도 있다.

학생들이 생활 속 일상적인 대화에서 사용하는 어휘는 한정되어 있다. 어휘의 수준이 질적으로 높지 않아도 의사소통에는 별 문제가 없지만, 좀 더 정교하게 자신의 생각을 표현하려면 수준 높은 어휘들이 요구된다. 일상생활에 쓰이는 대화만으로는 어휘력이 자연적으로 향상되기가 어려우므로 의도적인 어휘 지도가 꼭 필요하다.

그렇다고 해서 책에 나오는 낯선 낱말들을 모두 찾아보는 것은 효율적이지 않고 수업 중 낱말 찾기에 많은 시간을 할애하기도 현실적으로 어렵다.

슬로리딩 수업으로 어휘력을 향상시키기 위해서는 무엇을 해야 할까? 우리는 스스로 찾아보기, 반복적으로 낱말에 노출되기, 맥락과 함께 낱말의 뜻 이해하기, 이미지로 오래 기억하기, 서로 도와 함께 어휘력 향상하기라는 원칙에 따라 낱말에 대한 학습을 했다.

■ 나만의 낱말 카드

낱말이 쓰인 앞뒤 문장을 살펴보고 먼저 뜻을 유추해 보고 나서 낱말 카드에는 사전에서 찾은 낱말의 뜻을 적게 했다. 또한 찾아본 낱말을 활용한 짧은 문장 만들기로 낱말을 맥락 속에서 활용해 봄으로써 낱말에 대한 이해를 깊게 하고자 했다.

낱말 카드에 정리한 낱말은 모둠 친구들에게 소개한 후, 반 친구들 모두가 알면 도움이 될 것 같은 낱말을 모둠에서 2개씩 선정해 '이 주의 낱말들'에 게시했다. 이를 수시로 활용해 보게 하여 낱말에 노출되는 횟수를 늘려 어휘력을 향상시키고자 했다.

학생들마다 경험이나 사전 지식이 달라 어휘력 수준이 제각각이다. 궁금한 낱말이나 어려운 낱말을 선택해 스스로 사전에서 찾아보고 학습하게 함으로써 자발성으로 배움이 크게 일어나게 하고자 했다.

슬로리딩 수업이 있는 아침 시간에는 《샬롯의 거미줄》 한두 장씩을 함께 읽은 후 어렵거나 찾아보고 싶은 낱말은 사전에서 뜻을 찾아보고 낱말 카드에 기록하여 정리했다.

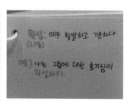

낱말 카드

이 주의 낱말들

■ 눈으로 보는 낱말 사전

《샬롯의 거미줄》에 나오는 '헛간'이라는 낱말을 국어사전에서 찾아보면 '문짝이 없는 광'이라고 설명되어 있다.

'광은 또 무슨 말이지?' 아이들은 사전을 더 찾아보아야 한다. '광'은 국어사전에 '세간이나 그 밖의 여러 가지 물건을 넣어 두는 곳간'으로 설명되어 있는데 4학년 학생들이 이 말을 이해하기가 쉽지 않다. 또한 샬롯의 거미줄에 나오는 헛간은 '건초가 있고 동물들이 살고 있는 곳'인데 '문짝이 없는 광'만으로는 이야기의 주요 무대인 헛간의 모습에 공감하기가 어렵다.

이처럼 사전에 설명되어 있는 말이 어려워 낱말 뜻을 찾아 놓고도 이해를 하지 못하는 경우가 많이 생긴다.

사물의 이름에 해당하는 낱말들은 글로 설명된 것보다 시각적 자료로 보게 되면 훨씬 쉽게 이해할 수 있다. 일반적으로 사람들은 글로 나열된 정보보다 시각적인 정보를 더 선호하고 쉽게 이해할 수 있으며 공감대도 더 잘 형성된다고 한다.

학생들이 낱말을 재미있게 공부하고 어휘력도 늘리기 위해 '눈으로 보는 낱말 사전' 활동을 했다.

궁금한 낱말을 휴대전화나 컴퓨터에서 이미지 검색을 한 후 찾은 이미지를 휴대전화에 저장을 했다. 저장한 이미지들은 모둠 친구들과 함께 살펴보았다. 이로써 학생들은 다양한 낱말을 접하게 되고, 혼자 찾아보고 또 친구들과 함께 서로 찾은 낱말들의 이미지를 봄으로써 낱말에 노출되는 횟수가 늘어 어휘력을 기를 수 있었다.

이미지를 휴대전화에 저장하기

낱말의 이미지 함께 보기

4학년 학생들은 낱말 공부하기를 매우 흥미 있어 했다. 모호했던 뜻이 명쾌해지면서 기쁨을 느꼈다. 특히 '눈으로 보는 낱말 사전' 활동은 이미지를 봄으로써 학생들이 낱말을 직관적으로 쉽게 이해하고 오래 기억하는 데 도움이 되었으며, 무엇보다 재미있게 낱말 공부를 하는 데 큰 도움이 되었다.

줄거리 간추리기

이야기나 주장이 담긴 글을 읽고 내용을 줄여 간추릴 줄 아는 것은 국어과에서 매우 중요하게 여기는 능력이다. 2009 개정 국어과 교육과정에서도 줄거리 간추리기와 관련된 성취기준은 학년군마다 제시되어 있다.

> ▶ 1·2학년군 : 이야기의 시작, 중간, 끝을 파악하며 작품을 이해한다.
> ▶ 3·4학년군 : 이야기의 흐름을 파악하여 내용을 간추린다.
> ▶ 5·6학년군 : 글의 짜임에 따라 글 전체의 내용을 요약한다.

이렇게 중요한 줄거리 간추리기는 이야기의 흐름을 머릿속에서 정리하는 사고활동을 해야 하는 까닭에 아이들이 힘들어한다. 심지어 어른들도 이야기를 간추리는 것을 어렵다고 한다.

교과서대로 한다면 4학년 한두 단원에서만 간추리는 활동을 하는 데 그치지만, 슬로리딩 수업을 하면서는 이야기를 매 장마다 반복적으로 간추려 봄으로써 줄거리 파악하는 방법을 내면화할 수 있게 했다.

교과서에는 시간과 장소의 바뀜에 따라 사건의 흐름을 파악하는 방법으로 이야기를 간추리는 방법만이 제시되어 있다. 이 방법으로 간추리기 활동을 하면 흥미롭게 생각하는 학생들은 드물었다.

슬로리딩 수업을 하며 교과서에 제시된 간추리기 방법 이외에도 감정 그래프나 삽화를 활용해 이야기 간추리기, 짝이나 모둠과 함께 간추리기, 말로만 간추리기 등 다양한 방법으로 《샬롯의 거미줄》 줄거리를 간추려 봄으로써 즐거운 활동을 통해 글을 간추리는 능력을 길러 주고자 했다.

간추리기 활동으로 아이들은 글 속 인물들에 대해 깊이 있게 공감할 수 있었고 글쓴이가 전하고자 하는 것을 분명하게 이해하는 데 도움을 받을 수 있었다.

■ 감정 그래프로 이야기 줄거리 간추리기

이야기 속 사건의 전개과정에서 인물들은 다양한 심리적 상황에 놓인다.

인물들의 심리 상황이나 감정이 잘 드러나는 글은 이야기의 줄거리를 감정 그래프를 활용하여 간추려 보았다. 학생들은 인물의 감정이 어떠한지를 찾아서 감정 그래프에 정리하는 활동을 좋아했고, 감정을 중심으로 사건을 정리하는 것은 어렵지 않게 해내었다.

슬로리딩 국어 수업에 참관한 선생님들도 '감정 그래프를 활용하여 이야기 간추리기'가 특히 인상 깊다고 했다. 이야기를 쉽게 간추릴 수 있고 학생 참여를 활발하게 이끌 수 있는 좋은 방법이라고 평해 주었다.

《샬롯의 거미줄》 3장에서는 주인공인 아기돼지 윌버가 새 보금자리인 헛간에서 외롭게 지내다 암거위의 도움으로 헛간을 탈출하는 소동이 그려져 있다.

수업 중 먼저 3장에서 느꼈을 윌버의 마음을 학생들과 함께 칠판에 정리했다.

윌버는 건초더미 냄새와 평화로운 냄새가 도는 헛간에서 다른 동물들의 호의 속에 기분 좋게 지낼 수 있었다. 이때의 윌버는 기분이 좋을 거 같다고 하여 칠판의 감정 그래프에 '좋음'으로 정리했다. 헛간에만 갇혀 재미가 없게 된 윌버는 암거위의 도움으로 울타리 밖에 나가게 되었지만 낯설고 어색해하는데, 이때 윌버의 마음은 '걱정'으로 표현했고, 울타리 바깥 숲에까지 가서 뛰고 냄새 맡고 코로 땅을 파헤쳐 '행복'해 보였다고 했고, 윌버를 잡으러 오는 사람들에게 쫓길 때는 무서워서 '짜증' 날 거 같다고 했으며 다시 헛간으로 돌아와 '안심'되었을 것 같다고 윌버의 감정을 정리했다.

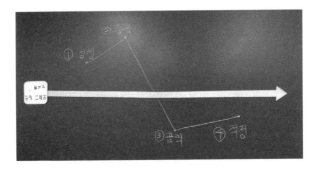

3장 속 윌버의 감정 그래프

칠판에 정리된 윌버의 감정 그래프를 참고해 각자의 학습장에 3장의 줄거리를 간추려 정리해 보았다.

처음 헛간에 들어왔을 때는 좋아서 살 만했지만 친구가 없어서 외로웠다. 그래서 헛간 밖을 나와 자유를 가졌으나 어떻게 해야 할지 몰라 어색했다. 과수원 등 여러 곳을 누비며 돌아다닐 때는 행복했다. 하지만 주커만 부인이 윌버를 발견해서 도망쳐 다녔기에 무서웠다. 주커만 씨의 꿀꿀이죽을 얻어먹으려고 헛간으로 다시 돌아온 윌버는 안심이 되었다.

아이들은 때로는 아침활동 시간에 미리 읽어 와서 수업을 시작할 때 모둠 친구들과 함께 감정 그래프를 스스로 정리하고 줄거리를 간추렸다.

아이들이 글을 읽고 줄거리를 간추리면서 겪는 어려움 중 하나는 글 속에 배경이나 인물 등을 자세하게 묘사한 부분을 만났을 때이다. 《샬롯의 거미줄》 3장의 첫 부분에는 헛간의 모습과 그 속에 살고 있는 동물들이 자세히 묘사되어 있다.

헛간은 아주 넓었다. 그리고 아주 오래되었다. 헛간에서는 건초 냄새가 났고 두엄 냄새가 났다. 지친 말들의 몸에서는 땀 냄새가 풍겼고, 우직한 젖소들의 숨결에서는 단내가 묻어 나왔다. 헛간에서는 평화로운 냄새가 났다. 다시는 나쁜 일이 일어날 것 같지 않은. 곡식 냄새, 마구와 굴대에 치는 기름 냄새, 고무장화 냄새, 새 밧줄 냄새도 났다. 고양이한테 생선 대가리를 줄 때면 언제나 헛간 안에 비린내가 풍겼다. 하지만 가장 많이 나는 냄새는 역시 건초 냄새였다.

이처럼 묘사가 자세한 부분은 '헛간은 따뜻하고 넓고 건초 냄새가 났다' 등으로 간단히 줄이는 것을 함께 해 보았다.

사건과 사건이 아닌 이야기 속 배경이나 인물에 대한 자세한 묘사를 먼저 구분할 수 있게 했고, 줄거리를 간추릴 때는 사건 중심으로 간단히 정리해야 함을 아이들도 명확히 인지하여 줄거리 간추리기도 어렵지 않게 해내었다.

■ 삽화로 이야기 줄거리 간추리기

《샬롯의 거미줄》에는 장마다 주요 장면을 표현한 삽화가 종종 있다.

삽화가 있는 경우 주어진 삽화를 중심으로 이야기를 간추리면 쉽고 재미있게 활동할 수 있다. 주요 내용임에도 빠진 삽화는 아이들이 간단히 그려 넣었다. 삽화를 중심으로 줄거리를 간추리면 이야기를 눈으로 볼 수 있기 때문에 명료하게 줄거리를 이해하고 기억할 수 있으며 줄거리 간추리기도 흥미로운 활동이 될 수 있었다.

《샬롯의 거미줄》의 13장 '근사하기까지 한 돼지'의 줄거리를 삽화를 이용해 간추려 보았다. 활동 순서는 아래와 같다.

▶ 13장 읽기
▶ 5개의 장면의 삽화를 순서 없이 제시하여 삽화 내용 살펴보기
▶ 삽화 순서 정리하기   ▶ 추가할 주요 장면 삽화로 그리기
▶ 줄거리 간추려 정리하기

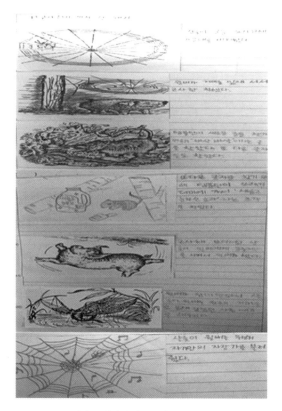
삽화로 이야기 간추리기-학생 공책

■ 한눈에 보는《샬롯의 거미줄》

슬로리딩 수업을 하다 보면 이야기가 길어 뒤로 갈수록 앞에 나왔던 사건이나 내용들을 잊어버린다. 매 차시 앞에서 나왔던 내용들을 확인하고 수업을 이어 가지만 역부족이다. 아이들만 책의 내용을 잊어버리는 게 아니라 교사도 두세 번 읽었는데도 가물가물해진다.

《샬롯의 거미줄》로 14장까지 수업을 한 후 두 명씩 짝을 지어 한 장씩 맡아 줄거리 간추리기를 했다. 기본적으로는 '둘이 함께 다시 읽기-책 덮기-번갈아 가며 주요 내용 차례대로 말하기-살짝 책 들춰 보기' 순서로 짝과 함께 이야기를 간추렸다. '살짝 책 들춰 보기'는 읽은 직후에도 기억이 나지 않을 경우에 책을 다시 펼쳐 살펴보는 방법이다. 정리한 것은 교실 한쪽 벽면에 게시하여《샬롯의 거미줄》을 한눈에 볼 수 있게 했다. 15장부터는 줄거리 간추리기가 어려운 학생들만 둘씩 짝지어 간추리도록 해서 어려워하는 부분에 대한 보충이 될 수 있도록 했다.

간추린 글 아래에 느낌이나 생각을 적고 있는 아이들

슬로리딩 수업을 위한 책 읽기

슬로리딩 수업을 한다면 교재로 쓰는 책은 언제 읽어야 할까? 수업 시간에 함께 읽어야 할까? 아니면 아침활동 시간이나 집에서 미리 읽어 와야 할까?

정답은 없다. 주어진 시간이 넉넉하면 함께 수업 시간에 읽어도 된다.

그런데 책 속 사건이나 인물에 대해 이야기를 조금만 나누어도 시간이 금세 지나가고 수업 시간은 늘 부족하다. 또 수업 시간에만 읽으면 한 번밖에 못 읽어 내용을 깊이 있게 이해하기가 힘든 경우가 많다. 무엇보다 슬로리딩 수업의 교재로 활용하는 책들은 학년 수준에 비해 다소 어려운 책들이 많아 여러 번 읽어야 책의 진면목을 알 수 있다.

《샬롯의 거미줄》은 장면에 대한 자세한 묘사가 종종 있고 배경이 미국이라 음식이나 새 이름 등도 생소한 어휘들이 많아 한 번 읽어 쉽게 이해되지 않는다. 무엇보다 한 장 안에도 여러 등장인물들의 사건이 나열되고 있어 4학년이 읽기에 쉽지 않은 책이다.

그래서 《샬롯의 거미줄》 슬로리딩 수업을 위한 책 읽기는 기본적으로 아침활동 시간에 읽어 오는 것을 원칙으로 내세웠다. 수업 중 함께 읽는 경우에도 그날 공부할 장의 전부를 읽지는 않고 수업 시간 성취기준과 관련된 부분을 주로 읽었다.

일반적인 수업 중 책 읽는 풍경은 주로 한 명이 소리 내어 읽고 나머지 학생들은 친구의 목소리를 따라 눈으로 글을 읽어 나가는 것이다. 눈은 글 속에 있어도 책에 집중하지 못하는 아이들, 그 모습을 지켜보는 선생님들은 안타깝다.

아직 책 읽는 습관이 잡혀 있지 않은 우리 아이들이 혼자 또는 함께 책을 깊이 슬로리딩을 하게 하는 방법은 없을까? 역할 나누어 읽기, 두 마음 읽기, 질문지 만들며 읽기, 필사하며 읽기 등의 방법으로 읽었더니 재미있게 또한 집중하며 글을 읽을 수 있었다.

■ 역할 나누어 읽기

흐느끼고 소리 지르거나 속삭이는 등 인물의 마음이 잘 드러나게 실감 나는 목소리로 읽어 주면 아이들은 책 내용에 푹 빠지게 되고 재미있게 읽는다.

역할 나누어 읽기란 등장인물의 역할을 나누어 맡아 해당 인물에 어울리는 목소리로 글을 읽는 것을 말한다.

역할 나누어 읽기는 대부분의 아이들이 좋아한다. 그렇지만 수업 시간에 글을 처음 접하면 인물의 마음이 어떤지 정확하게 파악이 안 된 상태라 인물에 어울리는 목소리로 읽기가 쉽지 않다. 또 4학년이라도 처음 읽는 글은 더듬거리거나 자신 없는 목소리로 작게 읽어 친구들이 답답해하는 경우가 많다. 이럴 때는 친구들이 읽어 주는 것을 들으며 눈으로 읽고 있는 대부분의 아이들은 책 내용에 집중할 수가 없다.

역할 나누어 읽기는 좋아하지만 그만큼 준비가 되어야 책의 내용에 몰두할 수 있다. 역할은 전 시간에 미리 정해 두어야 한다. 윌버, 샬롯, 암거위, 수거위 등 역할을 정해서 읽기 연습을 해 오게 했다.

미리 읽어 연습된 상태라 아이들은 읽기에 자신감이 있고 인물의 마음도 잘 이해하여 실감 나게 읽을 수 있었다. 특히 역할을 맡은 아이들은 사전에 연습으로 반복하여 읽어야 되므로 저절로 슬로리딩이 되었다.

■ 두 마음 읽기

티처빌 연수에서 인상 깊게 본 내용이라 적용해 보았다. '두 마음 읽기'로 글을 읽었더니 학생들이 집중하고 매우 흥미로워하면서 글을 읽었다.

먼저, 두 명씩 짝을 지어 한 명이 한두 문단을 먼저 읽어 준다. 나머지 한 명은 짝이 읽어 주는 내용을 잘 들은 후 떠오른 생각이나 느낌, 또는 궁금한 것을 말한다. 역할을 바꾸어 한 장을 다 읽는다. 4학년 아이들은 문단이 끝나는 부분을 헷갈려 해서 처음에는 선생님이 몇 문단씩 묶어 번호를 부여해 주었다.

학생들은 번갈아 가며 글을 읽어 주고 느낌을 나누는 이 활동을 매우 흥미 있어 했다. 한 시간도 거뜬히 읽어 냈다. 또 느낌을 말해야 하니 집중해서 들을 수밖에 없었다.

글을 소리 내어 능숙하게 읽어 낼 수 없으면 글에 대한 이해도가 떨어진다고 한다. 두 마음 읽기는 성독의 연습이 될 수도 있는 유익한 글 읽기 방법이었다.

둘씩 서로 머리를 맞대어 친구가 읽어 주는 글을 집중해서 듣는 모습, 친구의 생각에 귀 기울이는 그 진지한 모습을 볼 때 교사로서 보람과 기쁨을 느낄 수 있었다.

■ 질문지 만들며 읽기

아이들은 퀴즈를 대부분 좋아한다. 그것도 선생님이 낸 것이 아니라 친구들이 낸 질문이라면 더 좋아한다.

책을 제대로 이해했는지 확인할 수 있는 질문, 읽다가 궁금한 점이 떠올라 만든 질문, 주인공에게 감정이 이입되어 '내가 만약 그 상황이라면 어떻게 했을까' 등에 대한 질문들을 만들었다. 이런 질문들은 삼총사 질문, 즉 '왜, 어떻게, 나라면' 질문이라 이름 붙여서 활용했다.

책은 아침활동 시간을 활용하여 읽고 질문지도 그 시간에 만들었다. 수업 시간에는 만들어 온 질문들을 모둠 친구끼리 서로 묻고 답을 해 봄으로써 내용에 대한 이해를 높였다. 모둠에서는 다 함께 이야기 나누면 좋을 것 같은 질문들을 선정해 반 친구들 모두와 나누는 시간을 가졌다.

'친구들이 책을 제대로 읽었나 확인해 보려면 어떤 질문을 만들어야 하나?'라고 궁리를 하며 책을 읽어 나가는 모습이 진지했다. 질문이 너무 지엽적인 내용인 경우에는 아이들이 '우리가 그런 것까지 알아야 해?' 하고 적당한 질문과 그렇지 않은 질문은 걸러 내기도 했다.

무엇보다 친구들이 낸 문제를 맞혀야 하고 질문도 만들어 내어야 하므로 아이들은 깊이 읽어 글에 몰입을 했다. 준비해 온 질문에 서로 답을 하고 싶어 몸부림을 치는 모습도 자주 보였다.

■ 필사하며 읽기

아이들은 글을 읽고 나서도 책 내용을 기억하지 못하거나 읽은 내용을 이해하지 못하는 경우가 많다. 이럴 때 필사를 권하고 싶다.

'아이들은 필사를 힘들어하지 않을까' 하는 걱정이 앞섰다. 평소 아이들이 쓰기 활동을 좋아하지 않음을 알고 있어서이다.

'샬롯(윌버), 너 좀 멋지다'에서 샬롯과 윌버가 한 행동이나 말 중 마음에 와 닿거나 나도 따라 해 보고 싶은 부분을 필사하여 옮겨 적으며 글을 읽었다. 필사한 내용 아래에는 그 부분이 왜 마음에 와 닿았는지 이유도 함께 정리해 보게 했다. 아침활동 시간에 읽으며 필사한 부분은 책 읽기를 마칠 때쯤 서로 나누었다.

우려와는 달리 의미 있는 말과 행동을 필사하며 정리해 보는 활동을 아이들이 좋아했고 적극적으로 참여했다. 필사를 해 봄으로써 인물의 마음과 행동을 더 잘 이해할 수 있었다고 한다. 또한 내용에 대한 기억을 더 오래하는 데도 필사가 도움이 되었다고 한다.

쪽수	말과 행동(까닭)
50	"몽안이오!"
44	인사가 하기싫은 것같아서 "친구를 원하니? 윌버? 내가 네 친구가 되어 줄게 하루종일 너를 지켜보았는데 네가 마음에 들었어." 샬롯의 첫인상이 기분 좋았다.
71	"죽지 않게 해줄게" 진정한 친구가 아니고서는 이런 일을 할수 있기에.
215	"너는 내, 친구였어" 이 순간마다가 너무 감동스럽다.
66	"그래, 난 언제나 벌레들이 고통스럽지 않도록 마취를 시켜. 내가 베풀 수 있는 작은 호의거든." 뭔가 심통하지만 축어 말한다고 생각이 길을 것 같다.

샬롯, 너 좀 멋지다

쪽수	말과 행동(까닭)
49	"아, 아름다운 아침, 드디어 여기에 찾아왔구나! 오늘은 내 친구를 찾아 낼 거야" 윌버가 친구에 대한 기대감이 벅차있는 것 같다.
56	"… 내가 사랑 좋아 할 수 있을까? …" 윌버가 새친구가 생겼지만 잘 맞을 것 같아 걱정인 것 같다.
67	"그렇게 생각하다니 정말 생각이 깊어 샬롯" 윌버가 예전에는 샬롯을 좀 꺼려 하는 것 같았는데 이제는 샬롯이 너무 좋아진 것 같아 보기 좋다

윌버, 너 좀 멋지다

▪ 음악이 있는 책 읽기

《샬롯의 거미줄》에는 주인공인 돼지 윌버가 사람들에게 잡혀 먹힐지 모른다는 불안감은 있지만 대체적으로 유쾌한 소동들이 많아 더 재미있다.

그런데 내용이 너무 슬퍼 가슴 아픈 장면이 있다. 샬롯은 윌버를 위해 마지막으로 온 힘을 다해 거미줄로 '겸허해'라는 글을 써 준 후 쓸쓸히 죽어 가고 윌버는 애통해 하며 작별하는 장면이다.

일과를 마치고 대부분의 선생님들이 퇴근한 조용한 학교에서 혼자 그 부분을 읽다 눈물을 펑펑 흘렸다. 내가 느낀 그 감동을 감성이 메말라 있는 우리 아이들도 함께 느꼈으면 하는 간절한 바람이 생겼다.

'장면에 어울리는 애잔한 음악을 배경으로 글을 읽어 보면 아이들도 샬롯을 홀로 떠나보내는 윌버의 마음을 더 잘 느낄 수 있지 않을까?' 하는 마음으로 음악은 'Shi Jin'의 '밤의 피아노곡'을 골랐다.

21장 '샬롯을 두고 가는 길'을 역할 나누어 읽기를 할 수 있도록 '샬롯, 윌버, 템플턴, 해설' 역할을 미리 정해 읽기 연습을 해 오게 했다. 21장 모두를 배경음악을 넣어 읽기에는 내용이 많다. 음악에 어울리는 슬픈 분위기인 214쪽부터 217쪽까지와 223쪽 중간부터 224쪽 마지막까지만 배경음악을 넣어 읽고 긴박한 장면은 음악 없이 읽었다.

음악을 배경으로 해서 책을 읽으려고 하니 음악소리가 책 내용에 집중하는 데 오히려 방해가 될까 봐 염려되었다.

우려와 달리 실제 수업 시간에는 아무도 없는 낯선 곳에서 쓸쓸히 죽어 가는 샬롯과 그 모습을 슬프게 지켜볼 수밖에 없는 윌버의 마음을 아이들이 더 잘 공감하는 모습을 보였다.

음악이 책 내용보다 길이가 짧아 중간에 끊어지니 아이들은 다시 음악을 틀어 달라고 했다. 수업이 끝나고 쉬는 시간에도 아이들이 계속 슬프다고도 하는 것을 보면서 음악이 책 내용에 몰입하게 하는 데 도움이 된다는 것을 느낄 수 있었다.

제안하는 글쓰기

제안하는 글쓰기란 문제를 해결할 하나의 방법을 제시하는 것이 목적이므로 여러 가지 아이디어를 떠올리고 서로의 의견을 비교해 더 나은 해결책을 고르는 것이 중요하다.

먼저, 제안하는 글의 형식에 대해 알아보았다. 2009 개정 교육과정이 적용된 교사용 지도서에 제시된 제안하는 글의 형식 속에는 문제 상황 제시, 제안, 제안하는 까닭을 적게 되어 있다. 지도서에는 없는 내용이지만 제안할 때에는 상대방의 처지나 마음을 헤아려 보는 것이 중요하다 생각해 내용을 추가했다.

《샬롯의 거미줄》에는 여러 문제 상황들이 있는데 그중 아이들과 함께 이야기를 나누어 보고 싶은 것을 세 가지 골랐다.

> **《샬롯의 거미줄》속 문제 상황들**
>
> ▶ '대단한 돼지'가 식상하여 거미줄에 쓸 새로운 글자가 필요함(12장 123 쪽 내용)
>
> ▶ 샬롯이 죽게 되어 윌버가 너무 슬퍼함(21장 내용)
>
> ▶ 무녀리(한배 새끼 가운데에서 맨 먼저 태어난 새끼))가 죽는 것이 너무 불쌍함 (1장 10쪽 내용)

같은 문제 상황을 고른 아이들끼리 문제에 대한 해결책을 제시하고 PMI 토론으로 장단점과 대안을 제시하는 활동을 한 후 각자 제안하는 글을 썼다.

템플턴, 글자 좀 찾아와 주겠니?

템플턴에게

안녕, 나는 《샬롯의 거미줄》을 읽은 4학년 1반 학생이야.

만약 네가 글자를 가지고 오지 않으면 샬롯이 새로운 글자를 못 쓸 거야. 그러니까 네가 글자를 가져왔으면 좋겠어.

왜냐하면 샬롯이 글자를 쓰지 못하면 윌버가 죽을 수가 있어. 그러면 템플턴 너도 먹이를 못 먹을 수 있잖니? 너와도 연관이 있는 일이야.

네가 귀찮고 힘들겠지만 좋은 일 한다고 생각하고 너를 위해서라도 해주었으면 해.

샬롯을 살려 주세요.

작가님, 샬롯을 살려 주세요.

샬롯이 죽으면 윌버는 너무 슬플 거예요. 그리고 샬롯도 살아서 자기 애기들을 보고 싶어 할 거고요. 샬롯을 살려 준다면 이야기도 해피엔딩이되어 모두가 행복할 거예요.

물론 모든 생명체는 시간이 지나면 죽겠지만 윌버가 죽을 때 같이 죽으면 좋겠어요.

그건 말이 안 되는 얘기지만요.

그래도 살려 주세요.

어렵다면 《샬롯의 거미줄》 2탄을 만들어서 윌버가 샬롯 애기들이랑 행복하게 살 수 있도록 만들어 주세요.

주제 파악하기

이야기에는 작가가 전하고 싶은 생각이 표현된 주제가 있기 마련이다.

교사용 지도서에는 인물의 말과 행동, 주요 사건을 살펴 주제를 파악하게 되어 있다. 이 방법으로 아이들과 주제를 파악하다 보면 어려워한다. 무엇보다 슬로리딩 국어 수업이라 200쪽이 훨씬 넘는 긴 글을 읽은 후라 이야기의 주제를 알아보기가 더 어렵게 느껴질 수 있다.

주제를 파악하기 전에 먼저 전체적인 줄거리를 다시 살펴보는 활동을 함으로써 이야기의 내용을 환기시켰다. 그런 다음 가치 사전을 활용하여 주제를 파악하는 활동을 했더니 주제를 명료하게 알 수 있었고 어렵지 않고 재미있게 활동할 수 있었다.

가치 사전은 한국버츄프로젝트에서 나온 것을 활용했다.

먼저, 샬롯과 윌버 그림을 칠판에 붙였다. 그리고 인물과 어울리는 가치를 모둠별로 정했다. 칠판의 그림 주변에 인물과 어울리는 가치를 정리했다. 그런 다음 가장 잘 어울리는 가치부터 나열했다.

미덕의 보석들...

감사	배려	유연성	창의성
결의	봉사	이상품기	책임감
겸손	사랑	이해	청결
관용	사려	인내	초연
근면	상냥함	인정	충직
기쁨함	소신	자율	친절
기지	신뢰	절도	탁월함
끈기	신용	정돈	평온함
너그러움	열정	정의로움	한결같음
도움	예의	정직	헌신
명예	용기	존중	협동
목적의식	용서	중용	화합
믿음직함	우의	진실함	확신

가치 사전

아이들은 샬롯과 가장 잘 어울리는 가치로 우정(우의)을 꼽았다. 샬롯이 아무 대가 없이 친구인 윌버를 위해 죽는 순간까지 도움을 주었기 때문이라고 했다. '우정' 이외에도 '헌신, 용기, 사랑'등의 가치가 샬롯과 어울린다고 했다.

윌버에게 어울리는 가치도 '우정'이 가장 어울리고 '겸손, 진실함' 등을 선택했다.

샬롯과 윌버에게 어울리는 가치가 잘 드러나는 인물의 행동이나 말을 더 살펴봄으로써 이 이야기의 주제에 더 근접해 갔다. 아이들은《샬롯의 거미줄》이야기의 주제를 다음과 같은 것으로 정리했다.

《샬롯의 거미줄》 이야기의 주제

▸ 진정한 친구란 바라는 것 없이 도움을 주는 것이다.
▸ 친구는 소중하다.
▸ 친구가 도움을 주면 나도 도움을 주어야 진정한 친구가 된다.
▸ 우정은 도와주는 것이고 존중해야 하는 것이다.

이야기의 주제란 결국 작가가 우리에게 전하고자 하는 가치와 관련된 것이기 때문에 '가치 사전'을 활용한 것이 효과적이었다.

《샬롯의 거미줄》이야기의 주제와 관련된 것이 '우정'이라 아이들 삶 속에서의 우정에 대해 돌아보는 시간을 가졌다. '나에게 과연 우정을 나누는 친구가 있는가?'를 살펴보고 친구가 없다면 샬롯처럼 무조건적으로 도움을 베풀어 보았는지도 이야기 나누었다. 친구가 있다면 어떤 친구에게 무슨 도움을 줄지를 계획했다.

'친구 도와주기'를 일주일간 실천한 후 그 느낌과 있었던 일들을 이야기 나누는 시간을 가졌는데 아이들은 대부분 기분이 좋았다고 했고 뿌듯하고 사이가 좋아졌다고 했다.

'우정'과 관련된 마지막 활동으로 '칭찬 사탕 팔찌 만들기' 활동으로 친구와의 정을 나누는 시간을 가졌다. 사탕을 연결하여 팔찌를 만드는데, 팔찌 사이사이에 친구의 칭찬을 적은 쪽지를 끼워 넣었다. 사탕을 받아서 기분 좋은 데다가 그 사이에 친구의 진심이 담긴 말과 칭찬에 훈훈해진 분위기를 느낄 수 있었다.

칭찬 사탕 팔찌로 친구와의 우정 돈독히 하기

내가 짜는 거미줄

샬롯은 윌버를 구하기 위해 맨 처음 '대단한 돼지'라는 글을 거미줄로 짜고 윌버를 그 아래 서 있게 해 윌버를 돋보이게 했다. 거미줄로 짜인 '대단한 돼지'라는 글을 보고 사람들은 거미가 그 글을 짰다고 생각하기보다는 돼지 윌버가 신의 계시를 받은 특별한 돼지라 여겨 구경을 하고 잡아먹지도 않게 된다.

'내가 만약 샬롯이라면 윌버를 위해 거미줄에 어떤 글을 짜 줄까?'라는 내용으로 창의적 체험활동 시간에 거미줄 글자를 써 보기로 했다.

검은색 도화지에 색연필이나 분필, 반짝이 풀을 이용해 거미줄을 그리고 윌버를 돋보이게 할 글을 썼다.

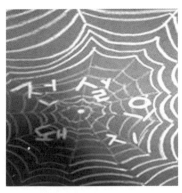 

'전설의 돼지', '축복의 돼지', '신기한 돼지' 등 윌버가 특별한 돼지임을 알리고 잡아먹히지 않기를 바라는 마음을 잘 표현했다. 아이들은 이 활동을 통해 윌버를 구하기 위한 샬롯의 마음을 더 잘 느낄 수 있었다고 했다.

궁금한 것 조사하여 발표하기

《샬롯의 거미줄》은 미국 작가가 쓴 책이라 '단풍 시럽, 커스터드푸딩' 등 낯선 음식들과 '아스파라거스 밭'과 같은 생소한 작물 등이 나온다. 또 '주인공 거미는 나이가 몇 살쯤 되었기에 죽게 되는 것일까?', '우수한 농산물이나 가축을 뽑아 상을 주는 '품평회'가 우리나라에도 있을까?' 등 책을 읽다가 궁금한 내용들은 아이들마다 제각각이다.

호기심이 생기는 내용을 스스로 공부하게 된다면 자기 주도적으로 학습을 하게 되어 배움의 기쁨을 느낄 수 있고, 책과 관련된 내용 중 모호했던 것을 명확히 알게 됨으로써 이야기를 더 잘 이해할 수 있게 된다.

교내 컴퓨터실에서 궁금한 내용을 검색하고 자료를 정리해 교실에서 발표함으로써 '내용을 이해하기 쉽게 발표하고, 다른 사람의 발표를 평가하며 듣는다'라는 국어과 성취기준도 달성할 수 있었다.

《샬롯의 거미줄》속 궁금한 것들

▶ 샬롯은 몇 살쯤 되었을까?

▶ 윌버가 먹게 되는 음식들 : 단풍 시럽, 커스터드푸딩, 아스파라거스 밭

▶ 우리나라에 있는 농산물, 축산물 품평회

▶ 동물들은 어떻게 대화를 할까?

▶ 윌버가 살이 많이 쪘다는데 돼지의 몸무게는 어느 정도일까?

　　궁금한 것을 정하고 조사한 후 발표할 준비를 했다. 먼저, 이해하기 쉽게 발표하는 방법을 알아보고 발표할 때와 들을 때의 올바른 자세를 살펴본 후 조사한 것을 글로 써서 발표했다.

《샬롯의 거미줄》
슬로리딩 수업을 마치며

처음 1장을 읽는데 흥미가 없어서 읽는 척한 적도 있었다. 솔직히 너무 재미가 없어서 안 읽고 싶었다.

그런데 등장인물들이 나오면서 더 재미있어서 계속 읽게 되었다. 이 두꺼운 책을 내가 읽는다니…….

활동이 점점 더 흥미진진해졌다. 예원이랑 요약하기 할 때는 칭찬을 받아서 우쭐해지기도 했다. 포스트잇에 샬롯의 성격을 적어볼 때도 신났다. 요약하기가 재미있고 신났다.

이런 활동을 하면서 책까지 읽으니 내가 똑똑해진 것 같았다.

반짝이 풀로 '전설의 돼지'라고 썼을 때는 엄청 뿌듯했고 컴퓨터실에서 조사도 하고 역할극까지 했을 땐 즐거웠다.

맨 처음에는 싫었는데 왜 그렇게 생각했는지 지금도 창피하다.

22장까지 다 읽은 후에는 보람도 차고 기뻤다. 아무튼 이렇게 수업하는 게 훨씬 더 재미있고 행복하다. 계속 슬로리딩으로 수업해 보는 게 좋겠다.

처음에 슬로리딩 수업을 한다고 했을 때 '그게 뭐지?' 했는데 설명을 들으니 '아, 이 긴 책을 드디어 읽는구나!'라는 생각이 들었다. 내가 많은 책을 읽었는데 그중에 슬로리딩을 한 책은 하나도 없었다.

슬로리딩 수업을 학교에서 한다니 너무 설레고 하루하루가 어떤 수업일지 궁금했다. 이 수업은 활동을 많이 해서 좋았고 새로운 단어를 많이 알게 되었다.

우리들이 한 수업은 사탕 팔찌, 단어 사전, 컴퓨터로 찾기, 내용 간추리기 등 아주 재미있는 활동이 많았다. 특히, 책을 읽고 필기하고 정리를 하는 것은 너무나도 재미있었다. 슬로리딩 수업은 다음뿐 아니라 영원히 했으면 좋겠다.

처음에 슬로리딩 수업을 시작할 때 두꺼운 책을 읽어 본 적이 없어서 좀 꺼려 했는데 수업을 하면서 《샬롯의 거미줄》이라는 책에 관심을 가지게 되니까 책을 읽는 게 더 흥미롭고 재미있었다.

나에게 가장 기억에 남는 활동은 1장 요약하기이다. 요약을 안 해 봐서 처음엔 힘들었는데 요약을 많이 해 보니까 더 잘하게 된 것 같다.

슬로리딩을 하면서 책이 이렇게 재미있고 흥미로운 거라는 걸 느꼈다. 이 책을 읽고 더 두꺼운 책 《나미야 잡화점의 기적》이라는 책에 도전해 봤다.

이 수업을 꼭 다른 사람들도 했으면 좋겠다.

많이 부족하지만 그래도 의미는 있다.

《샬롯의 거미줄》로 슬로리딩 국어 수업을 할 것이라고 아이들에게 처음 안내했을 때 두꺼워 보이는 이야기책으로 수업을 한다니 지루할 것 같다며 실망하는 눈빛들이었다. 한 책을 자세히, 깊이 읽으며 수업하는 슬로리딩 수업에 대한 자세한 소개를 하니 기대감이 조금 생긴 듯했다.

먼저, 책 읽기를 좋아하는지 물었더니 스물여덟 명 중 일곱 명만이 책 읽기를 좋아한다고 대답했다. '책은 나에게 [   ] 이다'라는 활동으로 아이들의 책에 대한 생각들을 더 알아보았다.

책은 나에게 [   ] 이다

▶ 긍정적인 생각들

-지식이다(똑똑하게 해 주니까), 선생님이다(교훈을 주니까), 블랙홀이다(점점 빠져들게 하니까), 생각이다(한 번 더 생각하게 하니까). 상상 세계이다, 이야기 더미이다.

▶ 부정적인 생각들

-도둑이다(화가 나서)), 공부다(재미없고 지루해서), 뉴스다(뭔 소리 하는지 몰라서), 왕따다(책을 좋아하는 사람이 많이 없어서), 책(지루해서), 침대(잠이 와서), 학교다(지루하니까), 잠이다(피곤하니까).

아이들의 책에 대한 부정적인 생각들을 접하니 걱정이 앞서기도 했다. 과연 아이들이 책으로 하는 수업을 좋아할까? 책을 좋아하게 될까? 가장 염려되는 부분이 아이들이 혹시《샬롯의 거미줄》책을 부담스러워 하고 싫어하게 될까 봐 조심스러웠다.

초반에는 학생들과 함께 수업 시간에만《샬롯의 거미줄》을 읽었더니 한 번 읽는 것으로는 내용에 대한 이해를 충분히 할 수가 없었다.

더욱이《샬롯의 거미줄》에는 "집 안에서는 커피 냄새, 베이컨 냄새, 축축한 회벽 냄새와 난로에서 나오는 나무 연기 냄새가 뒤섞인 냄새가 났다"와 같이 묘사가 자세하고 아이들에게 낯선 어휘나 해 보지 않은 경험들이 나열되어 있어 처음에는 많이 어려워했다.

수업 시간에만 책을 읽고 내용 파악하고 깊이 있는 이해를 위한 활동들을 하니 시간이 턱없이 부족했다.

그래서 아침활동 시간을 이용하여 책을 읽고 수업 시간에는 바로 활동을 하거나 주요 부분을 다시 읽고 심도 있게 활동을 하니 비로소 아이들도 수업에 더 빠져들었다.

내용에 대해 관심을 불러일으키기 위해 책 속 상황, 즉 만약에 나라면 무녀리가 약한 돼지이기 때문에 죽일 것인지 아니면 펀처럼 기를 것인지에 대한 토론을 하니 관심을 가지기도 했다.

일반적으로 슬로리딩 수업을 위해서는 혼자서 읽기에는 조금 어렵고 교사나 친구들의 도움으로 이해를 잘할 수 있는 책을 권장한다. 이런 수준의 책으로 슬로리딩 수업을 하려면 충분한 수업 시간이 확보되어야 할 것 같다. 책의 내용을 알아보고 성취기준과 관련된 활동 한두 가지와 책 내용에 대한 소감을 이야기 나누다 보면 시간이 정말 빨리 간다고 느껴졌다. 나뿐만 아니라 수업 마칠 때쯤 아이들이 "벌써 마칠 시간이에요?"라고 묻는 경우도 여러 번 있을 정도로 아이들이 몰입을 하지만 시간은 부족하다는 생각을 여러 번 했었다.

하시모토 다케시 선생님이나 용인의 성서초등학교에서 한 학기 동안 슬로리딩 수업을 한 것에는 훨씬 못 미치는 시간과 깊이의 슬로리딩 수업을 했다. 한 한기나 한 학년 국어 수업 모두를 한 책을 중심으로 재구성하기에는 우리들의 역량이 부족하고, 또 그렇게 재구성하면 억지스럽게 엮을 수도 있다고 생각했기 때문에 교과서 단원 중심으로 4~5단원 정도를 재구성하여 수업을 했다.

그렇지만 우리가 했던 나름 적은 시간의 슬로리딩 수업도 의미는 있다고 생각한다. 흔히들 해 왔던 창의적 체험활동 시간에 책 한 권을 다 읽고 다양하게 독후 활동을 함으로써 책을 음미하고 읽은 느낌을 서로 공유하는 활동과 달리, 한 책으로 국어 교과를 중심으로 재구성한 수업을 통해 성취기준을 달성하고 아이들이 책에서 얻는 삶의 깊이와 여유를 함께 느낄 수 있었다는 것에 의미를 두고 싶다.

또한 함께 연구했던 선생님들이 분절적인 교과서의 글로 수업을 했을 때보다 더 큰 배움과 성장이 아이들에게서 일어나는 모습을 보며 앞으로의 수업 방향을 설정하는 데 도움을 받은 것이 슬로리딩 수업의 효과가 아닐까 싶다.

초등학교 5학년 슬로리딩 ^{△ △ △ △}

책과 함께 마음을 키우는
《몽실 언니》

SLOWREADING

책과
만나기

왜 《몽실 언니》인가?

　슬로리딩 수업을 계획하면서 가장 먼저 고민이 되었던 것은 '어떤 책을 읽을 것인가'였다. 책 선정을 위해 가장 먼저 도서구매 사이트에 들어가 아동문학 부문의 베스트셀러를 찾아보았다. 살펴보니 신기하게도 내가 초등학교 시절에 필독도서로 선정되어 읽었던 책들이 여전히 베스트셀러 목록에 있었다. 그래서 '내가 재미있게 읽었던 책을 학생들도 재미있게 읽지 않을까'라는 생각에 그 목록 중 몇몇 책들을 꼽아 보았다. 《우리들의 일그러진 영웅》, 《갈매기의 꿈》, 《몽실 언니》, 《너도 하늘말나리야》, 《괭이부리말 아이들》, 《비밀의 화원》 등이 있었다. 이 중 오랜 고민 결과 최종 결정된 책은 권정생 선생님의 《몽실 언니》이다. 이 책을 선정한 이유는 다음과 같다.

　우선 작품의 문장과 내용이 5학년 학생들의 수준에 적합하다고 생각했기 때문이다. 작가이신 권정생 선생님은 평생 아이들을 위한 작품을 쓰기 위해 노력하셨다. 그만큼 이야기의 흐름이 매끄럽고 학생들과 함께 나누고 싶은 훌륭한 표현들이 많았다. 또한 5학년 국어 성취기준에 해당하는 토론, 요약하기, 문학 작품 감상하기 등을 익히기에도 적절한 제재라고 여겨졌다.

다음으로 작품의 시대적 배경인 6·25 전쟁에 대해 학생들의 관심과 흥미가 높았기 때문이다. 평소 제일 좋아하는 영화로 〈태극기 휘날리며〉를 이야기하는 학생들이 많고 교실에 비치해 둔 6·25 관련 책을 즐겨 읽는 모습을 자주 보았다. 그래서 6·25 전쟁이라는 사실에만 집중하기보다 그 당시 상황과 사람들의 삶에 대해 몽실이를 통해 깊이 생각해 보길 원했다. 특히 주인공 몽실이의 나이가 학생들과 비슷해 몽실이를 친구처럼 여기며 작품에 깊이 빠져들 수 있을 것이라 생각했다.

　마지막으로 이 작품을 읽은 학생들에게 따뜻한 정의 소중함을 느끼게 해 주고 싶었기 때문이다. 몽실이는 어린 나이에 부모님과 떨어져 홀로 동생을 키우며 자랐다. 그런 몽실이를 가엾게 여겨 가족처럼 보살펴 주고 도와준 이웃이 있어 몽실이는 끝까지 포기하지 않을 수 있었다. 최근 각종 매체에서 층간소음과 같은 이웃과의 다툼 문제가 심심찮게 들려온다. 이처럼 이웃과의 관계가 소원한 요즘 세대의 아이들에게 함께 사는 세상의 소중함을 이 작품을 통해 알려 주고 싶었다.

■ 줄거리

몽실 언니

글 : 권정생
그림 : 이철수
출판사 : 창비

　광복 직후, 아버지는 멀리 돈을 벌기 위해 떠나고 몽실이는 어머니와 단둘이 살강이라는 작은 마을에 살고 있었다. 어느 날 어머니 밀양댁은 몽실이와 함께 도망쳐 부잣집으로 새 시집을 가게 된다. 그 집에서 몽실이는 남동생 영득이가 태어나자마자 부엌데기 신세가 되어 할머니와 새아버지에게 구박을 받으며 힘들게 집안일을 해야 했다. 그러던 중 멀리 일하러 가셨던 아버지가 돌아오자 몽실이의 어머니와 새아버지는 심하게 말다툼을 하고 그 과정에서 몽실이의 다리는 불구가 된다.

　그 후 밀양댁을 떠나 친아버지와 새어머니 북촌댁과 같이 살게 된 몽실이는 북촌댁의 사랑으로 행복을 누리기 시작한다. 하지만 그 행복도 잠시, 6·25 전쟁이 발발해서 아버지는 군대에 가고 북촌댁은 몽실의 여동생인 난남이를 낳다가 돌아가신다.

　갓난아기 여동생을 홀로 키우던 몽실은 친아버지 정씨가 전쟁에서 불구가 되어 돌아온 탓에 소녀가장 신세가 된다. 밥이 없어 구걸을 하는 어려운 상황에서도 몽실은 꿋꿋하게 견디며 인생의 길에 대해 생각하게 된다.

수업의
실제

깊이 읽기를 위한 준비

■ 어휘가 반이다

요즘 아이들은 디지털 세대로서 스마트폰과 인터넷 사용 등으로 흔히 말하는 줄임말, 또래 은어 등에 익숙하고 사용하는 단어가 제한적이다. 때문에 갈수록 철자법은 물론 표현력까지 약해지고 있다. 학생들의 올바른 언어 사용과 표현력을 위해 어휘력 향상 지도는 꼭 필요하다.

《몽실 언니》를 읽을 때 항상 모르는 낱말에 밑줄을 긋도록 지도했다. 그리고 2~3장 정도를 읽은 후 한 시간씩 어휘 익히기 수업을 했다.

새로운 어휘는 의미를 알고 실생활에서 반복적으로 사용하면서 완전히 내면화된다. 따라서 먼저 모르는 단어를 찾아 국어사전에서 단어의 의미를 익힌 후 그 단어를 짧은 글짓기, 역할극 등 다양한 방법으로 표현하며 내면화하는 것을 어휘 지도의 기본 방침으로 삼았다.

□ 국어사전 찾기를 통한 지도

"모르는 낱말을 사전에서 찾는 것은 보물찾기를 하는 것처럼 재미있다."

사전 학습은 낱말 습득과 이해의 가장 기본적인 방법으로 교과 학습 시간에 손쉽게 활용할 수 있다는 점과 짧은 시간 안에 해당 낱말의 뜻을 알 수 있다는 점, 관련된 어휘량을 확장할 수 있다는 점에서 유용하다.

사전 찾기 방법은 4학년 국어 교육과정에서 이미 학습했지만, 어휘 첫 시간에 간단히 지도하는 것이 좋다.

	낱말	뜻
1	솔가지	소나무의 가지
		예 솔가지에 솔방울이 달렸네.
2	넋두리	억울하거나 불만스런 마음을 길게 늘어놓는 것
		예 할머니는 눈물까지 흘리면서 넋두리하셨다.
3	활개	쭉 뻗은 사람의 두 팔과 다리
		예 동생이 네 활개를 쭉 펴고 잠이 들었다.
4	거적	짚이나 새끼를 엮어서 두툼하게 짠 넓은 자리나 덮개
		예 나는 거적을 덮고 잤다.
5	새우잠	새우처럼 몸을 구부리고 불편하게 자는 잠
		예 천막이 너무 좁아서 새우잠을 잤다.

낱말 찾기 학습지

사전을 이용해 어휘 지도를 할 때 보리출판사에서 나온 《보리 국어사전》을 추천한다. 일반 사전으로 '뒤란'이라는 단어를 찾으면 '집채 뒤의 울안'이라고 설명되어 있다. 그러면 학생들은 다시 집채, 울안이라는 단어를 찾아야 한다. 하지만 《보리 국어사전》의 경우 '집 뒤에 있는 울타리 안'이라고 단어의 뜻이 쉽게 풀이되어 있어 학생들이 이해하기에 편리하다.

다음은 국어사전을 이용하여 어휘 학습을 한 학생들의 의견이다.

정○○: 처음에는 국어사전으로 어떻게 낱말을 찾는지 몰랐다.《몽실 언니》책에서 모르는 낱말을 찾다 보니 이제는 어떻게 낱말을 찾는지 알게 되어 좋았다.

노○○: 모르는 낱말을 사전에서 찾는 것은 보물찾기를 하는 것처럼 재미있다. 친구랑 같이 할 수 있어 더 재밌는 것 같다.

김○○: 모르는 단어를 찾아보며 읽으니 책을 더 열심히 읽게 되고 책과 더욱 친해졌다.

□ **짧은 글짓기를 통한 지도**

어휘력의 질적 심화를 꾀할 수 있는 방법으로, 짧은 문장 쓰기를 통해 어휘에 대한 심층적 이해를 도울 수 있다. 사전 찾기를 통해 찾은 어휘 5개를 넣어 짧은 이야기를 만들어 보고 발표 및 바꾸어 읽기를 통해 친구들과 공유하게 했다.

이 과정에서 학생들은 어휘의 의미를 내면화하며 실생활에 적용할 수 있는 능력을 기르고, 또한 무엇보다 친구들과 서로 자신이 만든 이야기를 나누는 과정을 굉장히 즐거워했다.

2. 위의 낱말을 넣어서 이야기를 만들어 봅시다.

한낮이 지나 다래끼에 나물을 가득 담아서 집에 돌아왔다. 주머니에서 일주일 전
친척집에서 가져온 쑥떡을 먹으며 서녘으로 뉘엿 뉘엿 지고 있는 해를
보고 있자니 돈이 없어 부잣집 단칸방에 얹혀사는 내 인생이 참 한심했다.
천하지만 그래도 열심히 일해 새품을 받아 먹고 사는 대쪽보다 일하는게 귀찮
아 어쩌다 오는 운을 기다릴 뿐인 평민인 내가 훨씬 더 대견했다. 인생을 누가
독촉하시처럼 좋아하는 것도 아닌데 왜 내 마음대로 되지 않는지 모르겠다.
"...아랫마을 가야지.."

짧은 글짓기를 통한 어휘 지도

□ **역할극(대화 글 만들기)을 통한 지도**

실생활 속 대화에서 무심코 어떤 단어를 사용할 수 있을 때 그 어휘
를 완전히 자신의 것으로 습득했다고 할 수 있다. 이 점에서 배운 어휘
를 사용해 대화 글을 만드는 것은 어휘 익히기의 지름길이다.

사전 찾기를 통해 익힌 어휘를 사용해 모둠별로 그 어휘를 사용한
대화 글을 꾸며 직접 역할극을 해 보도록 했다. 우선 학생들의 흥미도
가 높았으며 모둠원이 서로 대화 글을 꾸미는 과정에서 대화 상황에서
주어진 단어를 쓰는 것이 적절한지에 대한 논의가 이루어지면서 어휘
에 대한 이해도 심화되는 것을 관찰할 수 있었다.

2. 모둠에서 찾은 낱말을 넣어 역할극을 만들어 봅시다.

역할극 대본 만들기를 통한 어휘 지도

독서를 통한 어휘 학습을 통해 학생들은 하나의 어휘를 분절된 상황이 아닌 글의 맥락 속에서 배울 수 있다. 실제로 학생들이 《몽실 언니》를 통해 배운 어휘를 쉬는 시간 친구들과의 대화에서 자연스럽게 사용하는 것을 들으니 교사로서 보람이 느껴졌다.

다양한 방법으로 읽기

슬로리딩 수업은 기본적으로 글을 읽고 활동하는 형식으로 이루어진다. 따라서 글 읽기는 슬로리딩 수업의 가장 기본이 되며 중요한 부분이다.

고학년으로 갈수록 소리 내어 읽는 음독에서 눈으로 읽는 묵독의 비중이 늘어난다. 그리고 국어 수업이 아닌 개인적인 독서에서는 대부분 묵독으로 책을 읽게 된다. 하지만 음독을 통해 사고력 및 어휘력의 향상 등 여러 긍정적 효과를 얻을 수 있다는 것은 이미 여러 번 강조되어 왔다. 따라서 슬로리딩 수업에서 읽기는 학생들이 책을 소리 내어 읽는 음독을 기본으로 수업을 구성했다.

▪ 역할 정해 읽기

글의 분위기를 살려 실감 나게 읽기는 초등학교 2학년 국어 교육과정에서부터 핵심 성취기준으로 강조되며, 또한 역할 정해 읽기는 학생들이 가장 재미있어하는 읽기 방법이다. 《몽실 언니》는 아동들을 대상으로 쓴 아동문학으로 대화 글이 많아 역할 정해 읽기에 적합한 작품이다.

《몽실 언니》는 10페이지 정도가 한 장으로 구성되어 있다. 읽기 전 학생들에게 오늘 읽을 부분에서 나올 등장인물들을 미리 파악해 보도록 한다. 학생들이 발표한 등장인물을 칠판에 적고 역할을 뽑게 한다.

처음 수업할 때는 희망자 및 평소 실감 나게 읽기에 능숙한 학생 위주로 역할을 선정하고, 대화 글이 아닌 해설 부분은 교사가 읽어 주었다. 그리고 익숙해지면 해설 역할의 학생도 뽑아 읽게 한다. 역할에 맞게 실감 나게 읽거나 또는 친구들의 발표를 들으면서 학생들은 책의 내용에 몰입하고 동시에 흥미를 가질 수 있다. 실제로 슬로리딩 수업을 진행하면서 역할 정해 읽기 부분을 학생들이 가장 기대하는 것을 확인할 수 있었다.

■ 모둠별 읽기

모둠별 읽기 방법은 슬로리딩 중반부터 사용하기 좋은 방법이다. 역할 정해 읽기가 능숙해진 후, 모둠 안에서 역할을 정해 읽도록 한다. 이를 통해 이때까지 역할 정해 읽기에 참가하지 못했거나 상대적으로 발표 기회가 적었던 학생들에게 읽기 기회를 줄 수 있다. 또한 전체 발표보다 부담이 적어 더 적극적으로 실감 나게 읽기에 참여하는 모습을 볼 수 있었다.

■ 역할극 하며 읽기

역할극 하며 읽기는 실제로 앞에 나와 등장인물의 동작이나 자세를 재현하면서 읽는 방법이다. 우선 읽을 부분을 장면별로 나눈 후 모둠별로 읽을 장면을 정한다. 그리고 연습 시간을 준 후 책의 내용 순서에 따라 앞에 나와서 역할극 발표를 하게 한다. 이때 대사를 외우게 한다거나 지나치게 형식에 구애받을 필요는 없다. 책을 들고 나와 보면서 발표하되 약간의 동작이나 연기가 추가되는 것만으로도 학생들은 그 장면의 분위기를 생생하게 느낄 수 있었다.

역할극 하며 읽기 수업 장면

깊이 읽는
즐거움

국어과 연계 수업 계획하기

■ 단원 선정

5학년 2학기는 국어 영역 중 문학이 많은 부분을 차지하고 있다. 생각보다 단원을 선정하는 것이 어렵지 않았다. 핵심 성취기준 중 문학 영역의 단원을 추려 냈더니, '1단원 문학이 주는 감동', '7단원 인물의 삶 속으로', '10단원 글을 요약해요', '11단원 문학 작품을 새롭게'였다. 그리고 독서토론을 위해 '3단원 토론을 해요'도 포함했다.

■ 수업 준비

매 차시의 수업을 새로운 방법으로 고안해 낸다는 것은 교사에게 너무 가혹한 일이다. 초등 교사는 국어 수업만 준비해야 하는 것이 아니라 너무나도 준비해야 할 과목이 많기 때문이다. 그래서 어떻게 하면 부담스럽지 않게 수업을 준비할 수 있을까 고민했다. 주로 학습지를 만들어서 수업했는데 교과서의 활동 내용과 주요 내용은 그대로 가지고 와 만들었다. 기본 틀만 만들어 놓으면 생각보다 시간이 많이 걸리지 않고, 간단하게 만들 수 있다. 그리고 교과서의 활동 내용과 같지만 글은《몽실 언니》내용이므로 학생들의 흥미도가 높다.

수업 진행은 책의 내용에 적합하도록 단원의 순서를 다음과 같이 재배치했다.

1	3단원 토론을 해요
2	10단원 글을 요약해요
3	7단원 인물의 삶 속으로
4	11단원 문학 작품을 새롭게
5	1단원 문학이 주는 감동

3단원
토론을 해요

듣기·말하기 (5) 토론의 절차와 방법을 알고 적극적으로 참여한다.
읽기 (4) 여러 가지 독서 방법이 있음을 알고 이를 적용한다.

5학년 2학기 국어 성취기준에는 '토론의 절차와 방법을 알고 적극적으로 참여한다'는 성취기준이 있다. 토론 수업을 통해 학생들은 토론이란 무엇인지 이해한 후 직접 토론에 참여한다.

학생들은 처음으로 배우게 되는 토론의 개념을 다소 낯설고 어렵게 생각할 수 있다. 그러므로 토론을 도입할 때 슬로리딩 수업을 통해 책 속의 논제를 찾아 자연스럽게 토론 개념을 도입할 수 있도록 했다. 책을 읽으며 인물의 행동과 생각을 파악하며 자연스럽게 인물의 행동에 대한 가치적 논제를 학생들이 직접 이끌어 내도록 하는 것을 목표로 했다. 그리고 토론에 익숙해지게 한 번으로 그치지 않고 책을 읽으며 2~3번 토론할 수 있도록 했다.

두 번째로 토론의 규칙과 절차가 다소 엄격한 디베이트 토론법을 도입했다. 이 시기의 학생들은 자신의 의견을 말하기도 좋아하지만 특히 상대의 의견에 반박하는 것을 좋아한다. 하지만 이 과정에서 논리보다 감정에 호소하거나 내용보다는 사람을 비판하는 오류를 범하기 쉽다. 따라서 말하는 순서와 시간, 역할이 정확히 정해진 디베이트 규칙을 통해 토론은 감정적 대립이 아닌 논리적 절차에 따라 더 나은 해결 방법을 찾는 과정임을 알려 주고자 했다.

마지막으로 슬로리딩 수업의 토론이란 단순히 토론이라는 의사결정 과정을 체험하는 것만이 아니라 그 책을 더 깊게 이해하기 위한 방법으로 접근하도록 했다. 따라서 다양한 토론 후 활동을 통해 인물의 마음을 더 잘 이해할 수 있도록 했다.

토론 시작하기

슬로리딩 수업은 기본적으로 책을 읽으며 수업하지만 아이들에게 생소한 토론 개념을 설명할 때에는 부분적으로 교과서를 활용하기로 했다.

우선 교과서를 이용해 토론 개념에 대해 같이 알아본다. 이미 토의에 대해 알고 있고 익숙하므로 토의와 토론의 차이점 위주로 설명했다. 토의와 토론은 여러 차이가 있지만 가장 기본적으로 논의하고자 하는 주제가 다르다. 따라서 토론 주제의 특징을 살펴보며 《몽실 언니》 내용에서 토론 주제를 찾아보게 했다.

■ 토론 주제 찾기

□ 스스로 토론 주제 찾기

토론 주제는 의견이 찬성과 반대로 분명히 나뉠 수 있는 주제여야 한다. 따라서 우선 우리 생활과 관련 있는 토론 주제에 대해 모둠별로 브레인스토밍 활동을 했다. 이때 한 명씩 말한 주제에 관해 4명의 모둠원이 찬성, 반대로 나누어 손들어 보고 2:2로 의견이 나뉘는 주제만 남겨 칠판에 적어 보고 같이 이야기 나누었다.

이 활동을 통해 토론 주제에 대한 이해가 확실히 이루어진 후《몽실언니》에서 토론하고 싶은 주제를 찾아 이야기해 보라고 했다. 그랬더니 이런 주제가 나왔다. 칠판에 나온 토론 주제를 적은 후 같이 토론할 주제를 같이 정했다.

> - 내가 몽실이라면 김 주사네에서 살 것인가, 정씨 아버지를 찾아갈
>   것인가

학생들이 찾은 토론 주제

□ **책의 한 문장에서 토론 주제 도입하기**

일상생활에서 토론은 주로 어떤 문제가 발생하고 서로 의견이 충돌할 때 그 문제를 해결하기 위해 벌어진다. 슬로리딩 수업의 토론은 문제 해결보다는 책의 내용과 인물을 깊게 이해하는 것을 목적으로 한다. 따라서 인물의 감정과 생각을 따라가며 '내가 이 상황이라면 어떻게 행동할까?'라는 질문에서 자연스럽게 토론을 시작하기로 했다.

슬로리딩 수업을 계획하는 단계에서 미리 책의 내용 중 아이들이 흥미 있어 하고 토론이 활발하게 진행될 수 있을 법한 주제를 몇 가지 찾아보았다.

▶ "몽실아, 여자는 누구나 결혼을 해야 하는 거야. 남편에게 의지하지
않고 혼자 살 수 없단다."

   -《몽실 언니》, 185쪽

   → 결혼하지 않겠다는 몽실이와 결혼은 꼭 해야 한다는 혜숙이를
     통해 '결혼은 꼭 해야 하는가'라는 토론 주제를 도입한다.

▶ 전쟁은 곧 사람 죽이는 것이 목적인 것 같았다.

   -《몽실 언니》, 142쪽

   → 6·25 전쟁의 아픔을 이야기하며 '통일을 해야 하는가'라는 토론
     주제를 도입한다.

수업에서 해당 부분을 같이 읽은 후 교사의 발문을 통해 토론을 도
입했다. 예를 들어《몽실 언니》185쪽을 읽고 나서 몽실이와 혜숙이의
의견을 정리하여 칠판에 쓴 후 학생들에게 '여러분은 누구의 생각에 동
의하나요?'와 같이 발문하여 자연스럽게 찬성과 반대를 도입했다.

■ 디베이트 토론

토론 규칙과 절차는 학생들에게 생소하기 때문에 토론 시작 전 반드
시 이해가 선행되어야 한다. 한 시간 정도는 디베이트 토론 규칙을 설
명한 후 한 시간은 직접 토론해 보면서 익히도록 했다. 수업 전 토론할
때 지켜야 할 디베이트 규칙을 정해 교실 앞에 붙여 두었다.

디베이트 규칙

1. 서로 경어를 사용한다.

2. 말할 때는 손을 들고 허락을 받은 후 발언한다.

3. 친구를 비난하지 않는다.

디베이트 순서는 인쇄물로 나누어 주고 파일에 보관하게 하여 항상 볼 수 있게 했다.

주장 펼치기 (입안) (4분)	▶ 근거를 들어 주장을 펼치기 ▶ 근거에 대한 구체적인 자료(면담, 설문 조사, 관련 도서, 전문가 의견 등)를 제시하기 "(주제)에 대한 찬성 팀 입안자 ○○○입니다~"로 시작하기	찬→반
교차 질의 (3분)	▶ 상대편의 주장이 타당하지 않다는 것을 밝히기 위한 질문하기 ▶ 서로에게 예의를 지키기 ▶ 상대의 질문과 답에 귀 기울이기(경청) -메모하면서 반박 자료를 준비함	찬(입안자) →반
작전 타임 (3분)	▶ 반론할 자료를 준비하기	
반론 (4분)	▶ 상대편의 주장을 요약하기 ▶ 상대편의 주장에 대한 근거나 그에 대한 자료가 적절하지 않다는 것을 밝히기	반→찬→ 찬→반
전원 교차 질의 (3분)	▶ 모두에게 발언권 주어짐 ▶ 상대의 허점을 지적할 수 있는 질문하기	찬→ 순서 없음

주장 다지기 (요약) (2분)	▶ 자기편의 주장을 요약하기 ▶ 상대편에서 제기한 반론이 잘못되었음을 지적하기 ▶ 심판을 설득할 마지막 기회, 판정단의 감정에 호소해도 됨	
판정 하기	▶ 찬성 팀과 반대 팀의 잘한 점과 부족한 점을 정리하기 ▶ 판정의 근거로 삼은 것을 말하기 ▶ 판정 기준: 주장에 대한 근거가 타당한가, 토론에 참여한 자세가 바른가, 자료가 명확한가	

일반적 디베이트 토론 과정

■ 토론 진행하기

토론 과정을 알아본 후 각자의 역할을 정했다. 토론은 사회자, 찬성 팀, 반대 팀, 판정단으로 구성된다. 처음 토론할 때에는 아직 학생들이 토론 과정에 익숙하지 않으므로 사회자 역할을 교사가 수행한 후 두 번째 토론부터 사회자의 역할을 뽑았다.

21명 학급의 경우 찬성 7명, 반대 7명, 판정단 7명의 비율로 역할을 정했다. 특히 판정단의 경우 토론에서 판정단의 역할을 강조하고, 판정단 학습지를 작성해 토론 과정에 적극적으로 참여하도록 했다.

수업 중 고민되었던 것은 대부분의 경우 찬성과 반대가 1:1 비율로 나오지 않는다는 것이다. 경우에 따라 찬성, 반대 한쪽에만 학생들이 몰리는 경우가 많았다. 물론 한쪽으로 몰리지 않는 토론 주제를 선정하는 것도 중요하지만 디베이트는 서로의 논리를 전개하는 일종의 게임이다. 따라서 이 점을 학생들에게 이해시킨 후 가위바위보 또는 랜덤 뽑기 등을 통해 임의로 찬성, 반대 팀을 정해 토론하도록 했다. 결과적으로 정해진 팀에서 학생들은 각자의 입장에 따라 근거와 반박 자료를 잘 찾았으며 토론 진행 과정에서도 어려움이 없었다.

토론은 일반적인 디베이트 토론 과정에 따라 이루어지는데 이때 타이머를 활용해 시간 제한을 엄격하게 두었다. 대부분의 경우 제한 시간을 잘 지켰으며 40분 수업 시간 안에서 토론과 교사의 정리까지 진행했다.

토론 후 활동

토론은 때로는 단순히 문제 해결만이 아닌 인물의 마음을 이해하는 수단이 되기도 한다. 《몽실 언니》를 읽으며 학생들과 처음으로 토론한 주제는 '몽실이는 새아버지 김 주사를 떠나 친아버지 정씨와 살아야 하는가'였다. 학생들이 《몽실 언니》 2장까지 읽고 직접 주제를 찾았으며 디베이트 토론에 따라 다음과 같은 내용이 논의되었다.

주제	몽실이는 새아버지 김 주사를 떠나 친아버지 정씨와 살아야 하는가	
내용	찬성	반대
입안 및 교차질의	-정씨와 살았다면 몽실이가 다리병신이 될 일은 없었을 것이다. -산나물 죽이라도 먹고 살 수 있다면 친아버지와 사는 것이 낫다. -새아버지는 어릴 때 키워 준 아버지의 빈자리를 채울 수 없다.	-김 주사 집에서는 굶을 걱정은 없다. -어머니 밀양댁이 있기 때문에 어머니와 사는 것이 낫다. -몽실이는 성장기이기 때문에 가난한 집에서는 제대로 성장할 수 없다.
반론 및 교차질의	-먹는 것보다 정신적 스트레스가 오히려 잘 자라는 것을 방해한다. -아이들에게 놀림받으며 괴롭기 때문이다.	-김씨가 고의적으로 몽실이를 다치게 한 것은 아니다. -정씨 아버지와 단둘이 살면 더 고생할 것이다.

　학생들은 찬성과 반대 입장에서 근거를 찾으며 반박하는 과정에서 몽실이의 아버지를 그리워하는 마음과 김 주사와 밀양댁을 떠나지 못하는 이유에 대해서도 더 깊이 이해할 수 있다.

　이와 같은 토론 과정 후 몽실이의 마음을 생각하며 몽실이에게 편지를 써 보도록 했다. 토론을 통해 주인공의 마음을 이해한 것이 편지글에서도 드러나는 것을 확인할 수 있었다.

10단원
글을 요약해요

읽기 (2) 글의 짜임에 따라 글 전체의 내용을 요약한다.
문학 (4) 작품 속 인물, 사건, 배경의 관계를 파악한다.

글의 짜임 알기

■ 인물, 사건, 배경 파악하기

이야기의 구성 요소 중 인물은 학생들이 가장 파악하기 쉬운 요소이다. 또한 이야기 파악에 있어 가장 중요한 요소이기도 하다. 《몽실 언니》 초반부를 읽어 가며 먼저 인물을 파악하기 위해 인물관계도 그리기와 인물의 느낌을 색으로 표현하기 활동을 했다.

인물관계도는 글 속 인물들 간의 관계를 화살표로 표시해 한눈에 파악할 수 있다. 학생들에게 1~3장까지 등장한 인물들을 찾아 이름을 적게 한 후, 주인공 몽실을 중심으로 화살표로 관계를 나타내게 했다. 교사가 예시로 한두 명 정도 칠판에 그려 주면 이해에 도움이 된다. 3장까지만 읽은 후 학습지에 간단히 그려 본 후, 책의 중·후반부에는 모둠별로 4절지에 전체 인물관계도를 그려 볼 수도 있다.

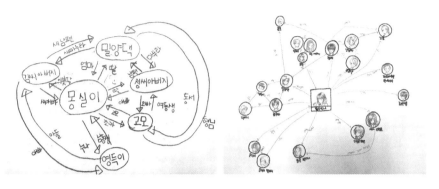

인물관계도 그리기

　인물관계도를 그린 후에는 각 인물의 느낌을 색으로 나타내고 그 이
유를 적어 보게 한다. 활동 전 우리 반 친구를 보고 떠오르는 색을 이
야기해 보면 활동 이해에 도움이 된다. 이 활동을 통해 인물의 성격을
직관적으로 파악할 수 있으며 말이나 글로 설명하는 것보다 더 흥미로
워하는 것을 확인할 수 있었다. 실제로 수업 후 '색깔로 인물을 생각해
본 것이 재미있었다'는 의견이 많았다.

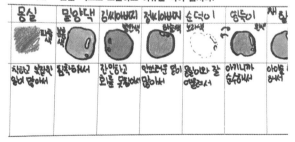

인물의 느낌을 색으로 나타내기

《몽실 언니》4장을 읽고 나서 본격적으로 글의 짜임에 대해 알아보았다. 가장 먼저 글에서 인물, 사건, 배경을 찾았다. 1~4장에서 몽실은 엄마와 단둘이 살던 살강 마을에서 김 주사네 집이 있는 댓골 마을로 간 후, 다시 고모를 따라 노루실 마을로 돌아오게 된다. 작품 내에서 공간적 배경의 변화가 있으므로 각각의 장소에서 등장한 인물과 있었던 일을 이야기하니 쉽게 이해하는 모습을 보였다. 다음으로 여러 사건들의 원인과 결과도 알아보았다. 단순히 글을 읽고 찾아 적는 활동이지만 분절된 교과서 지문이 아닌 책을 보고 찾는 것만으로도 흥미롭게 참여했다.

글의 짜임 알아보기

■ 이야기 요약하는 방법 알기

이야기의 짜임은 중요한 사건의 흐름에 따라 나뉜다. 사건의 흐름을 파악하는 가장 쉬운 방법은 그 사건에 따른 주인공의 감정 변화를 알아보는 것이다. 발단-전개-절정-결말 용어를 도입하기 전에 감정 그래프 그리기를 통해 주요 사건의 흐름을 알아보았다. 1~5장에서 주요 사건과 그에 따른 몽실의 감정을 수직선 위에 스티커를 붙여 나타내었다. 활동한 후, 교과서에 나오는 발단-전개-절정-결말 그래프를 보여 주었다. 일반적인 발단-전개-절정-결말 그래프와 몽실이의 감정 그래프를 비교해 보고, 몽실의 감정 그래프에서 발단, 전개, 절정, 결말이 되는 부분을 같이 찾아보았다.

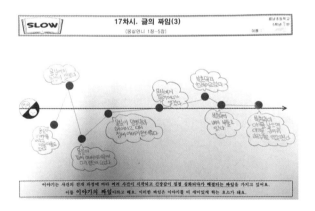

감정 그래프 그리기

■《몽실 언니》그림책 만들기

우선 발단-전개-절정-결말 중심으로 학습지에 간단히 그림과 한두 문장 정도의 글로 중요한 사건을 정리하게 한다. 그 후 8절 색도화지를 4등분하여 나누어 준 후,《몽실 언니》요약 그림책을 만든다. 표지와 제목을 자유롭게 꾸밀 수 있게 한다. 우선 1~5장까지 내용만 만든 후, 책을 계속 읽어 나가며 뒷부분은 아침 시간과 수업 시간 중 남는 시간을 이용해 계속 장을 채워 나가도록 한다. 구멍을 뚫어 고리에 끼워 책을 만들면 언제든지 원할 때 내용을 추가할 수 있어 간편하다. 그림책으로 만드니 어렵지 않게 중요한 내용만 요약하여 적을 수 있었다.

《몽실 언니》요약 그림책 만들기

7단원
인물의 삶 속으로

문학 (5) 작품 속 인물의 생각과 행동을 나와 견주어 이해하고 평가한다.
듣·말 (3) 설득하거나 주장하는 말의 타당성을 판단하며 듣는다.

이 단원은 작품에 나오는 인물이 추구하는 삶에 대해 이야기하는 데 목적이 있다. 이를 위해 인물이 처한 환경을 알아보고, 인물의 삶을 이해하고 정리하는 활동으로 구성했다. 또 인물이 처한 환경을 생각하며 인물의 삶에 대하여 평가해 보았다.

인물이 처한 환경 파악하기

■ 제2차 세계대전 이해하기

《몽실 언니》 이야기를 시작하기 전 배경 설명을 위한 한 장 분량의 글이 있다. 이 글은 "일본이 전쟁으로 망하고 나서 우리는 해방을 맞이했다"로 시작한다. 또 '36년간의 설움'이라는 대목이 나온다. 학생들의 이해를 돕기 위해 제2차 세계대전과 일제강점기 시대 이야기로 수업을 열었다.

프레젠테이션 자료

■ 6·25 전쟁 이해하기

《몽실 언니》는 시간 순서대로 전개되어 6·25 전쟁의 흐름을 자연스럽게 이해할 수 있다. 다음은 책의 내용 중 전쟁의 흐름을 나타내는 부분만 발췌한 것이다.

□ **전쟁의 발발**

> 지난 6월 25일 새벽에 일어난 전쟁은 북한의 인민군이 더 강했는지 국군은 남으로 남으로 후퇴만 하고 있다고 했다.
>
> -8장 '내 동생 난남이'에서

□ 인천상륙작전

> "미국 해병들이 바다로 올라와서 삼팔선 중간을 막아 버렸대."
> "인민군은 이제 독 안에 든 쥐나 마찬가지라는 거야."
> 마을과 마을로 이런 소문이 귀엣말로 전해졌다.
>
> — 11장 '꿈속의 두 어머니'에서

□ 1・4 후퇴

> '인민군이 쫓겨 가는 걸 보니 국군이 이겼나 봐. 그러면 아버지는 이제 곧 돌아오시겠구나.'
> 그토록 기세 좋게 휘날리던 인민기가 자취를 감추고 다시 태극기가 꽂혔다. 피난 갔던 사람들이 보따리를 지고 새까맣게 그을린 모습으로 돌아왔다.
>
> — 12장 '찾아간 개암나무골'에서

□ 휴전협정

> 지난여름, 휴전협정이라는 것이 마무리되었다. 그러나 그 지긋지긋한 삼팔선은 없어지지 않고 다만 이름만 휴전선으로 바뀐 채 본래대로 돌아오고 말았다.
>
> — 19장 '모두 모두 내 동생'에서

■ 당시와 현재의 모습 비교하기

인물이 처한 환경을 파악하기 위해 우선 당시와 지금의 모습을 비교해 보았다. 그 당시의 모습은 '전쟁 중이다', '피난을 갔다', '인민 교육을 받았다', '아기를 낳다가 죽는 사람이 많았다' 현재의 모습은 '휴전 중이다', '풍족한 삶을 살고 있다' 공통점은 '나라가 어지럽다', '남북으로 나뉘어 있다' 등으로 찾았다.

■ '찔레꽃' 노래 감상

10장에서 여자 인민군과 몽실이 밤에 대화를 하다 인민군이 노래를 부른다.

> *"찔레꽃 붉게 피는 남쪽 나라 내 고향,*
> *언덕 위에 초가삼간 그립습니다…."*

이 노래는 백난아 씨가 부른 '찔레꽃'이라는 노래이다. 일설에 따르면 작곡가인 김교성 씨와 함께 만주 공연을 다녀온 뒤 만주에 있는 독립군들이 고향을 바라보는 심정을 담아 만들었다고 하는데 3절 가사에 북간도라는 배경이 구체적으로 드러나 있다. 광복과 한국전쟁을 거치면서 우리네 정서와 망향의 아픔을 상징하는 가사가 시대적 상황과 잘 맞아떨어져 국민가요로 불리게 된 노래라고 한다. 학생들과 노래를 들어 보며 고향을 떠나 남쪽으로 온 인민군의 심정을 함께 헤아리는 시간을 가질 수 있었다.

■ 인물이 추구하는 삶

수업을 시작하기 전 학생들에게 물었다.

"'추구하다'가 무슨 뜻인지 아는 사람 있나요?"

"'추구하다'라는 단어를 들어 본 적 있나요?"

학생들은 이구동성으로 "모르겠어요", "들어 본 적 없어요"라고 했다.

'추구하다'의 뜻은 '목적을 이룰 때까지 뒤쫓아 구하다'이다. 5학년 2학기 교과서에 나오는 '추구하다'라는 단어는 학생들이 이해하기에 너무 어려운 개념이다. 그래서 '등장인물이 인생에서 가장 중요하게 생각한 것은 무엇이라 생각하나요?'라는 발문으로 풀어 설명했다.

학생들은 등장인물의 말과 행동에 집중해 가장 중요하게 생각하는 것을 찾았다.

1. 「몽실 언니」에 나오는 여러 인물이 추구하는 삶을 간단히 정리 해 봅시다.

인물	추구하는 삶	말과 행동
몽실이	모두의 행복을 추구하는 삶	행복과 삶고 싶다면 정제 한테 감.
밀양댁	돈을 추구하는 삶	장씨를 떠나 감주사 안테 감.
정씨	돈을 추구하는 삶	몽실 버리고 정리 떠남.

추구하는 삶 찾기

■ 인물이 추구하는 삶 평가하기

인물이 추구하는 삶을 평가하기 위해 삼행시 짓기 활동을 했다. 삼행시 제시어는 등장인물 중 선택하고, 내용은 인물의 말과 행동을 근거로 삶에 대해 쓰라고 했다.

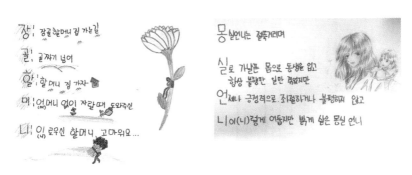

삼행시

이러한 활동을 통해 문학 작품에 대한 전반적인 이해를 높이고 인물들의 다양한 삶의 모습을 이해하고 체험하는 능력을 키울 수 있었다.

11단원
문학 작품을 새롭게

문학 (2) 작품에서 말하고 있는 사람의 관점을 이해한다.
문학 (5) 작품 속 인물의 생각과 행동을 견주어 이해하고 평가한다.

　이 단원은 문학 작품 속의 말하는 이를 찾아보고, 이야기를 다른 이의 관점에서 바꾸어 쓰는 활동을 통해 문학 작품의 수용 및 창작 능력을 향상시키는 데 목적이 있다.

■ 등장인물의 마음 이해하기

　다른 이의 관점으로 이야기를 바꾸어 쓰기 위해서는 다른 이의 관점을 잘 이해하고 알아야 한다. 그래서 핫시팅(hot sitting) 기법을 통해 등장인물의 마음을 알아보았다. 이것은 이야기의 등장인물을 의자로 불러와 궁금한 것, 심정 등을 물으며 인물의 마음을 이해하는 방법이다.

　많은 학생들이 등장인물이 되어 질문에 답하는 역할을 하고 싶어 한다. 그리고 교사의 생각보다 학생들은 훨씬 책을 깊게 이해하고 질문에 걸맞은 답변을 한다. 실제 인물이 된 것처럼 연기를 곁들여 하면 더욱 재미있는 시간이 될 수 있다.

　다만 질문 만들기를 할 때 너무 수준이 낮거나 책의 내용과 상관없는 질문을 만들지 않도록 유의해야 한다. 예를 들면 '나이가 몇 살인가요?', '어떤 색을 좋아하나요?' 등의 질문은 인물의 마음을 이해하는 데 전혀 도움이 되지 않는다.

> **학생 1**: 몽실이를 친딸처럼 키워 주겠다고 약속했는데 왜 그러지 않았나요?
>
> **김 주사**: 저는 밥 먹여 주고 재워 주는 것이 친딸처럼 키우는 거라 생각했습니다.
>
> **학생 2**: 몽실이와 밀양댁을 밀었을 때 기분은 어땠습니까?
>
> **김 주사**: 제가 너무 화가 나서 밀어 넘어졌을 때는 쌤통이라 생각했지만 크게 다칠 줄은 몰랐기 때문에 무척 당황했습니다.
>
>
> **학생 1**: 김주사에게 복수할 생각은 없었습니까?
>
> **밀양댁**: 복수하고 싶은 마음이 들었지만 내가 힘이 없고 돈도 없어서 아무것도 할 수 없었습니다.
>
> **학생 2**: 정씨가 찾아왔을 때 몽실이에게 어떤 마음이 들었나요?
>
> **밀양댁**: 몽실이에게 미안했습니다.

■ 다른 이의 관점으로 이야기 바꾸어 쓰기

다른 이의 관점으로 이야기를 바꾸어 쓰기 위해서는 학생들이 이야기에 대한 이해도뿐만 아니라 흥미도도 높아야 한다. 그래서 《몽실 언니》 베스트 사건을 함께 꼽아 본 결과 2장으로 결정되었고, 2장 다리병신의 줄거리는 다음과 같다.

밀양댁과 김 주사 사이에 영득이 태어나고 몽실은 구박을 받게 된다. 밀양댁의 전남편인 정씨는 김 주사네를 찾아오지만 밀양댁은 몽실이를 데리고 가 숨는다. 정씨가 돌아가고 김 주사는 화가 나 밀양댁과 몽실이를 밀어붙여 마당으로 굴러 떨어지면서 몽실은 다리를 다친다. 한 달 동안 누워 있던 몽실은 결국 절름발이가 된 채 일어난다.

함께 정리한 줄거리를 바탕으로 범위를 한 사건으로 할지 2장 전체 줄거리로 할지는 자율적으로 정했다. 말하는 이, 관점을 정하고 제목도 바꾸었다. 예를 들어 말하는 이가 밀양댁인 학생들은 '몽실아, 미안해', '내 딸 몽실이', '내 딸의 다리를 돌려줘!' 등 다양하게 정했다. 다른 이의 관점으로 바꾼《몽실 언니》는 기존에 읽었던《몽실 언니》와는 다른 느낌으로 다가왔다. 특히 학생들이 정씨나 밀양댁의 관점에서 쓴 이야기는 기존의 담담한 문체로 쓰인《몽실 언니》보다 더 절절하게 느껴졌다.

(말하는 이: 김 주사)

〈김 주사의 실수〉

"엄마, 우리 아버지한테 가아."
몽실이 말한 그 한마디가 나의 화를 더 북돋았다. 지금 이 순간 몽실이, 밀양댁, 모두 원망스럽고 짜증이 났다. 결국 나는 밀양댁과 몽실이 둘 다 밀어 버렸다. 문이 열리면서 밀양댁과 몽실인 봉당 끝에 떨어졌다. 그리고 다시 처마 밑 마당으로 굴러떨어졌다. 밀양댁이 몽실이 위로 떨어졌다.

"엄마야!"

몽실이가 비명을 질렀다. 밀양댁이 일어나 몽실을 부축했다. 왠지 '잘됐다' 하는 생각이 들었다. 몽실은 비명을 지르더니 이내 조용해졌다. 쓰러진 것 같았다.

나는 괜히 미안한 생각에 몽실이를 본체만체했다. 어머니께서도 몽실이와 밀양댁이 원망할까 본체만체하는 것 같았다. 몽실이가 불쌍하기도 하고 미안하기도 했다. (박○○)

(말하는 이: 정씨)

〈찾아가 본 나의 가족〉

그렇다. 나의 가족들은 내가 돈 벌러 간 사이에 나를 버리고 다른 곳에 가 버린 것이다. 말도 없이 떠나가 버리다니 큰 충격이었다. 그래도 미운 정 고운 정이라도 그동안 같이 살아온 정이 있기 때문에 한번 가족들을 찾아가 보았다. 바깥 골목길로 왔는데 아무런 인기척이 느껴지지 않았다. 괘씸해져서, 겁이라도 주고 싶어서 나는 한마디 했다.

"오늘은 그냥 가지만, 이담에 와서는 연놈의 주리를 틀어 놓을 테다."

이 말 한마디 하고 나니 속이 뻥 뚫리는 것 같았다. 막상 말하고 나니 괜히 미안해지는 것도 같았다. 그래서 그냥 집으로 와 버렸다. 언젠가는 만나겠지. 얼굴이라도 보고 가고 싶었다. 내가 한심해지는 순간인 것 같았다. 지금도 가족들이 보고 싶다. (조○○)

1단원
문학이 주는 감동

문학 (1) 자신이 좋아하는 작품을 들고 그 이유를 말한다.
쓰기 (5) 쓰기의 과정을 이해하고 과정에 따라 글을 쓴다.
문학 (7) 자신의 성장과 삶에 영향을 미치는 작품을 즐겨 읽는 태도를 지닌다.

이 단원은 작품을 읽고 작품을 좋아하는 까닭을 말하고 독서 감상문을 쓰는 데 그 목적이 있다. 학생들은 작품에서 다양한 재미를 얻고 감동을 받은 까닭을 찾을 수 있을 것이다. 이는 좋아하는 작품을 스스로 골라 읽는 문학 감상의 생활화를 실천하고, 더불어 문학 작품 감상능력의 향상으로 이어질 것이다.

■ 독서 퀴즈 하기

둘 가고 둘 남기 퀴즈는 학급에서 단원 정리를 할 때 주로 사용하는 방법이다. 조사한 내용을 보고서로 만들고 돌아가며 설명하는 일반적인 '둘 가고 둘 남기' 방법을 변형하여 쓰고 있다.

이 수업은 보통 2차시로 진행된다. 우선 1차시에는 모둠별로 의논하여 문제를 만든다. 《몽실 언니》 독서 퀴즈의 경우 각 모둠마다 4~5장으로 지정해 주고 그 범위 안에서 문제를 내게 했다. 문제 내기를 마쳤으면 모둠을 두 팀으로 나누고 퀴즈를 할 준비를 한다.

2차시에는 돌아가며 문제를 내고 맞히는 시간이다. 제한 시간 동안 A 팀이 먼저 문제를 내고 B팀이 다른 모둠으로 가 문제를 맞히고 한 바퀴 순환을 마치면 역할을 바꿔서 B팀이 문제를 내고 A팀이 문제를 맞히면 된다. 5모둠일 경우 제한 시간을 각 3~4분 정도로 주면 적당하다. 그리고 가장 어려웠던 문제나 재미있었던 문제에 대해 함께 이야기 나누며 수업을 마무리하면 좋다.

'내가 다 읽었는데 이렇게 모르는 내용이 많다니!', '이런 내용이 있었어?'라는 반응이 대체로 많고 학급에 4~5명 정도 다독한 학생들은 어려운 문제도 척척 맞힌다.

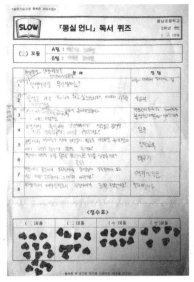

독서 퀴즈 활동지

활동 모습

■ 감동을 받은 부분과 까닭 생각하기

  독서 감상문을 쓰기 위해서 이야기를 읽고 감상을 나누며 작품에서 어떤 감동을 받았는지 생각해 보았다.

  따분할 수 있는 이 활동은 학생들이 재미있게 활동을 했으면 하는 마음에 북아트인 매직 북을 활용했다. 매직 북은 옷감이나 바구니를 만들 때와 같이 씨실과 날실의 구조를 이용해 만든 책이다. 접혔을 때는 감동적인 부분, 펼쳤을 때는 까닭을 쓰게 하여 학생들의 호기심과 애착을 이끌어 냈다.

매직 북으로 정리하기

■ 독서 감상문 쓰기

독서 퀴즈를 통해 줄거리를 정리하고 감동받은 부분과 까닭을 정리한 뒤, 이를 바탕으로 독서 감상문을 썼다.

> 제목: 《몽실 언니》를 읽고
>
> 나는 반에서 《몽실 언니》라는 책으로 슬로리딩을 한다. 슬로리딩을 하게 된 이유는 5학년 1학기에 처음으로 슬로리딩을 해 보았는데 재미있었다. 그런데 2학기 때 또 하게 되었다. 2학기 때에는 《몽실 언니》로 하게 되었다.
>
> 《몽실 언니》는 6·25 전쟁을 바탕으로 한 책인 것 같다. 6·25 때 북촌댁이 아이를 낳았다. 그런데 북촌댁은 몸이 약해 곧 죽을 것 같아서 몽실이에게 아기를 안고 고모네로 가라고 했다. 그리고 여러 이야기가 이어진다.
>
> 나는 이 책을 읽으면서 인상 깊은 장면이 있다. 첫 번째는 몽실이가 난남이에게 암죽을 끓여서 먹이는 장면이다. 이유는 몽실이가 난남이를 살리기 위해서 이빨로 하나하나 깨물어서 끓였기 때문이다. 두 번째는 정씨가 돌아오고 나서 자선병원을 찾아갈 때이다. 이유는 정씨가 아파서 병원에 가서 10일 넘게 기다렸기 때문이다.
>
> 나는 《몽실 언니》 책을 읽고 나니 '저 옛날 시대에는 정말로 힘들게 살았구나'라는 생각이 들었다. 느낀 점은 옛날에 대하여 많이 알아봐야겠다는 마음이 든다. (박○○)

제목 : 《몽실 언니》가 준 감동

처음에 선생님께서 추천해 주셨을 때 정말 책 내용이 궁금했다. 그리고 내가 많은 책을 읽어 보고 도서관도 다녔는데 《몽실 언니》라는 책은 보지 못했었다. 엄마에게 책을 구해 달라고 sos를 보냈을 때 엄마가 좋은 책이라고 했다.

그래서 나는 더 궁금해졌다. 처음 책이 택배로 왔을 때 내가 제일 먼저 읽고 싶은 욕구가 생겼다. 나는 우리 집에 있는 200~300권의 책을 다 읽어 봤는데 이렇게 읽고 싶었던 책은 없었던 것 같다.

표지와 뒤에 있는 작가의 말 등 너무 신세계였는데 내용을 보니 더 신기했다.

《몽실 언니》를 읽고 동생과 부모님에 대한 마음이 더 애틋해지고 조금이라도 아프거나 슬프면 가슴이 찢어질 것 같았다. 가족을 욕하거나 거친 말을 할 때에 원래 아팠지만 더 아팠다.

그리고 《몽실 언니》가 너무 가여웠다. 난남이도 가엾다. 나도 몽실이처럼 좋은 언니, 누나로 남았으면 좋겠다. 동생들에게 잘해 주어야지. (고○○)

책을
사랑하는 마음

《몽실 언니》 오감(五感) 체험

▪ 난남이 키우기

몽실은 여동생 난남이를 홀로 키워 내는 '언니'이다. 책의 중반부터는 북촌댁에게 부탁받은 동생 난남이를 키우는 몽실이의 모습이 그려진다.

수업을 시작하기 전 학생들에게 동생이 있는 사람이 있는지 조사해 보았다. 절반가량이 손을 들자 "혹시 동생을 업어서 키운 사람 있나요?" 물어보니 대부분의 학생들이 손을 내렸다. 학생들이 몽실이와 같은 경험을 한 적은 없는 것이다.

따라서 직접 학생들이 동생을 키워 보기로 했다. 갓난아기 난남이처럼 조심스레 다루어야 하고, 애정을 많이 쏟아야 하는 대상을 생각해 보다가 서준호 선생님께서 소개하신 달걀 키우기 활동을 떠올리게 되었다.

수업 시작할 때 "선생님이 여러분 동생을 데려왔어요"라고 말하며 계란 한 판을 꺼냈다. 이때 계란은 삶지 않고 날것으로 준비한다.

난남이 키우기 활동은 다음과 같이 전개했다.

1. 내 동생 이름 짓기
2. 동생 얼굴 꾸미기
3. 내 동생 키우기 계획 세우기
4. 내 동생 집 지어 주기
5. 매일 보살펴 주기
6. 이별하기

달걀 꾸미기

□ 계획 세우기

색깔 매직으로 달걀에 얼굴을 그리고 이름을 지어 준다. 학생 수만큼 다양하고 개성 있는 얼굴과 이름이 나왔다. 그리고 동생 키우기 계획서를 작성했다. 이때 내 동생을 어떤 사람으로 키우고 싶은지, 내 동생에게 매일 어떤 것을 해 주고 싶은지 생각해 보게 했다.

난남이 이름 : 주근깨

나는 주근깨를 잘 키울 것이다. 잘한 것은 잘했다고 칭찬해 주고 잘못한 것은 영조처럼 따끔하게 혼내 줄 것이다. 때로는 자유롭게 놓아 줄 것이다. 생각이 많은 때는 같이 책을 읽고 여가 시간을 보낼 것이다. 하루 2시간 이상의 공부는 시키지 않을 것이며 〈무한도전〉, 〈1박 2일〉같이 퀴즈가 많이 나오는 프로그램을 같이 볼 것이다.

… (중략) …

나는 그렇게 때로는 강인하고 어른스러운 계란을 때로는 잘 노는 계란을 때로는 똑똑하고 바위 같은 계란을 때로는 관계를 잘 만드는 계란을 만들 것이다. (김○○)

□ **키우면서**

계획서를 작성한 후 다음 날 난남이 집을 짓도록 한다. 미술 시간을 활용해서 집짓기를 했다. 집을 만들기 전 아이들의 달걀을 달걀판에 모아 호텔이라 부르자고 제안했다. 그러자 "난남이는 아기니까 어린이집이라고 부르는 게 어때요?"라고 한 학생이 의견을 냈다.

난남이 집짓기

난남이 키우기 활동 중에는 칠판에 미션으로 '난남이 소중하게 지켜 주기'를 붙여 두었다. 하지만 날달걀이므로 아무리 소중히 다루려고 노력해도 실수로 깨는 경우는 생기기 마련이다. 이 경우 학교 화단에 묻어 주자고 하며 거두어서 화단에 작은 무덤을 만들어 주었다.

□ **키우기 활동을 끝낸 후**

난남이 키우기 활동은 일주일 정도 진행했다. 일주일이 지난 뒤 다 같이 학교 화단에 묻어 주며 동생과 이별하는 시간을 가졌다. 키우기 주간 동안은 일기 주제를 '내 동생 키우기'로 정해 주었다.

내 딸 난남이 '강비'를 보살펴 본 후

오늘은 난남이를 키우는 마지막 날이다. 난남이 이름은 강비이다.
첫째 날, 난 학교에서 강비를 데리고 집에 오자마자 강비가 상하지 않게 칭찬과 좋은 말을 해 주었다. 둘째 날, 난 일어나서 강비와 산책을 했다. 근께와 함께(근께는 친구 아이인데 내가 대신 맡아 주기로 해서 같이 갔다) 난 1차에서 2차까지 가서 다시 돌아왔다. 원래 이렇게 산책을 안 나왔는데 강비 덕에 산책을 나오니까 기분이 정말 좋았다. 셋째 날, 엄마와 아빠가 혼을 내면서 심한 말을 하셨는데 강비가 심한 말을 들어서 혹시라도 기분이 안 좋았을 것 같았다. 그래서 난 그날 더욱더 강비에게 좋은 말을 해 주었다. 넷째 날과 다섯째 날은 평소같이 강비에게 좋은 말을 해 주었다. 여섯째 날 난 강비의 집을 청소해 주었다. 책상도 바로 해 주고 이불도 깔고 이것저것 했다.
오늘은 강비에게 작별인사를 하고 강비를 떠나보내게 되었다. 난 그동안에 책임감 같은 게 생겼던 것 같고 엄마의 마음을 조금은 알 것 같았다. 좋은 경험이었던 것 같다. (강○○)

■ 암죽 만들기

《몽실 언니》는 1940년 후반~1950년대 사이의 6·25 전쟁을 배경으로 하고 있다. 이 시기의 평범한 사람들은 지금처럼 풍족한 생활을 할 수 없었다. 실제로 몽실은 전쟁 통에 아버지는 전쟁터로 끌려가고 어머니 북촌댁은 갓 태어난 난남을 몽실에게 남긴 채 죽고 만다. 갓난아기인 난남이는 젖동냥조차 어려워지자 몽실이 만든 암죽으로 연명하게 된다.

암죽은 곡식을 빻아 가루를 밥물에 타서 끓인 죽으로 과거 모유가 부족할 때 모유의 대용식품으로 이용된 우리나라의 고유 식품이다. 학생들은 암죽이라는 용어가 나오자 "암죽이 뭐예요?"라고 궁금증을 표했다.

> "쌀이 아직 있지?"
> "예."
> "그걸 한 줌만 갖고 오너라."
> 몽실은 달려가서 쌀을 가지고 왔다. 장골 할머니는 그 쌀을 입에 넣어 오래오래 씹었다. 그러고는 씹은 쌀을 가지고 죽을 끓였다.
> -8장 '내 동생 난남이'에서

책에서는 장골 할머니가 쌀을 씹어 죽을 만드는 장면이 나온다. 씻은 쌀을 가져와 쌀 씹어 보기와 죽 끓이기 두 개의 활동을 진행했다.

□ **생쌀 씹어 보기**

생쌀을 깨끗하게 씻어 조금만 입에 넣어 가루를 만든다는 생각으로 꼭꼭 씹어 보라고 했다. 쌀을 씹자 순식간에 학생들은 얼굴을 찡그렸다.

□ **암죽 끓이기**

학생들이 가져온 쌀 중 씹지 않은 깨끗한 쌀을 모아 믹서로 갈아 가루로 만들었다. 쌀가루를 물에 타서 끓이니 간단하게 암죽이 완성되었다. 완성된 암죽을 다 같이 먹어 보았다.

□ 암죽 후기

오늘은 몽실이가 암죽 끓이는 과정을 생각하며 암죽을 먹는 활동을 했다. 쌀을 씹으니 입에 끼이는 것 같기도 하고 쌀이 잘 씹히지 않았다. 몽실이가 엄청 힘들 것 같다. 몽실은 부지런한 것 같다. 그리고 선생님께서 믹서로 죽을 끓여 주셔서 먹어 보니 싱거웠다. 그래서 소금을 가져와서 간이 맞게 먹었다. 그래서 두 번째에 가서 죽을 먹는데 간신히 조금 얻어먹었다. 그리고 다 먹고 세 번째에도 가서 먹었는데 정말 맛이 있었고 소금을 뿌렸다. 정말 맛이 있었고 재미있었다. (김○○)

몽실이가 난남이에게 만들어 주던 암죽을 만들어 보았다. 나는 내 주먹만큼 쌀을 가지고 왔는데 다른 애들은 더 많이 가지고 왔었다. '더 가지고 올걸…….' 나는 이번이 쌀을 처음 씻어 보는 거다. 일단 씻어 봤다. 그런데……. 난 맛있었다. 뭔가 누룽지 같았다. 그렇지만 끝 맛이 이상했다. 그리고 이제 드디어 진짜로 암죽을 먹어 봤다. 그런데 정말 맛있었다. '소금 때문인가?' 난남이는 어떻게 그냥 간도 안 한 죽을 먹었을까? 그럼 이상한 맛이 날 것 같은데……. 어쨌든 맛있었다. 다른 애들은 맛있어서 암에 걸린다고 암죽이라고 했다. 정말 또 먹고 싶은 맛이다. 언젠가 또 암죽을 먹어 보고 싶다! (박○○)

▪ 만들기와 그리기

□ 책갈피 만들기

《몽실 언니》책을 읽기 전, 우선 책갈피를 만들었다. 한 학기 동안 꾸준히 읽어야 하므로 어디까지 읽었는지 표시하는 책갈피는 꼭 필요하다. 책갈피는 색종이를 접어 간단하게 만들었지만 학생들의 만족도가 높았다.

책갈피 만들기

□ 마이크 만들기

슬로리딩 활동 중에는 토론 같은 발표 활동이 많다. 이런 말하기 활동에 활용하기 위해 창체 시간을 활용해 마이크를 만들었다. 다 쓴 휴지심과 스티로폼 공을 이용해 각자 마이크를 만들고 꾸며 보도록 했다.

마이크 만들기

□ **삽화 그리기**

　삽화는 글의 이해를 도우며 그 글의 분위기를 나타내기도 한다. 미술 시간을 이용해《몽실 언니》삽화 따라 그리기 활동을 진행했다. 두 개의 반에서 스크래치 페이퍼와 파스텔을 이용한 두 종류의 삽화를 그렸다.

　먼저 스크래치 페이퍼에 마음에 드는 장면을 골라 긁어내고, 어울리는 대사와 문장으로 표현해 보았다. 다음으로는 흰 종이에 붓펜으로 원하는 삽화를 따라 그리고 배경을 파스텔로 색칠하도록 했다.

스크래치 페이퍼　　　　　　　　파스텔 삽화

■ **'전쟁'에 대해 생각해 보기**

□ **영화 <태극기 휘날리며> 감상하기**

　앞의 프롤로그에서 이야기했듯이 학급의 아이들이 가장 좋아하는 영화가 <태극기 휘날리며>이다. 좋아하는 이유는 전쟁으로 고통받았던 옛사람들의 심정에 공감해서가 아니라 총, 대포에 피가 튀기고 정신없는 전쟁 모습과 북한을 욕하는 재미로 그 영화를 좋아했던 것 같다. 과연 3개월간의 《몽실 언니》 슬로리딩 수업을 하고 아이들의 생각이 바뀌었을까?

영화가 시작되자 학생들은 진지하게 영화에 몰입했다. 그리고 영화 속 인물과 《몽실 언니》 속 인물을 비교하며 이야기를 나누는 모습도 보였다. 북한군과 남한군이 치열한 격투를 할 때 한 학생이 '진짜 재밌다'라고 이야기하자 주위 친구들이 '이거 재밌는 거 아니야', '전쟁이 재밌어?'라며 구박 아닌 구박을 주었다. 그 학생은 '전쟁이 재밌는 게 아니라 다들 연기를 너무 잘해서 실감 난다'며 멋쩍어했다. 이를 보며 슬로리딩 수업이 학생들의 전쟁에 대한 인식에 작은 변화를 가져다주었다고 생각했다.

던것같고 퇴나 대사가 대사 정말 좋았던것 같다. 4학년때도 이 영화를 봤었는데 그때는 찬인하고 재미있다고만 생각했는데 이제는 우리나라가 싸워주고 희생한신분들 덕분에 행복하게 살수있었 구나라는 생각이 들었다.

영화 '태극기 휘날리며'를 보고, 감상문을 적어봅시다.

몽실 언니를 읽기 전에 태극기 휘날리며를 봤는데 태극기 휘날리며 내용이 어렵다고 생각하고, 좀 전쟁이 이렇게 심하게 났구나 생각했는데 몽실언니를 읽고 태극기 휘날리며를 보니 정말 내용이 잘 이해가 되고, 정말 감동적이다. 그리고 너무 무서웠다. 나는 몽실 언니를 읽고 다시 태극기 휘날리며를 보니 갑자기 전쟁이 안나게 기쁘게 통일을 하면 좋겠다. 라는 생각이 들었다. 나는 이번에 정말 무서워서 잠보듯를 못했다. 근데 몽실언니를 읽고 보니 사마 전쟁을 못하겠다. 그리고 너무 무서웠고, 마지막은 감동적이 있다.

□ 전쟁은 (   )다.

> 지난여름, 휴전 협정이라는 것이 마무리되었다.
>
> … (중략) …
>
> 집을 잃고, 가족을 잃고, 병신이 되고 그리고 고향을 잃었다. 총알이 날아오는 전쟁은 그쳤지만, 사람들은 살아가기 위해 또 다른 전쟁을 해야 했다.
>
> -19장 '모두 모두 내 동생'에서

"전쟁은 동생이다. 왜냐하면 매일 싸우기 때문이다."(손ㅇㅇ)

"전쟁은 풍선이다. 왜냐하면 언제 터질지 모르기 때문이다."(조ㅇㅇ)

"전쟁은 괴물이다. 왜냐하면 사람을 죽이기 때문이다."(노ㅇㅇ)

"전쟁은 슬픔이다. 왜냐하면 전쟁으로 인해 죽은 사람들이 많기 때문이다."(박ㅇㅇ)

"전쟁은 악몽이다. 왜냐하면 무섭고 빨리 나가고 싶기 때문이다."(박ㅇㅇ)

"전쟁은 암흑이다. 왜냐하면 밝은 미래보다 어두운 미래가 보이기 때문이다."(고ㅇㅇ)

활동 모습

《몽실 언니》
슬로리딩 수업을 마치며

슬로리딩 국어 수업을 마무리하며

2학기 내내 책 모서리가 닳도록 같이 읽었던《몽실 언니》를 다시 꺼내 읽어 보았다. 수업을 준비하며 몇 번이고 읽었지만 읽을 때마다 새로운 느낌이 든다.

이때까지 교사로서 막연히 학생들에게 "책을 많이 읽어라"라고 지도해 왔지만 막상 학생들이 책을 읽고 싶게 만들지는 못했던 것 같다. 나 자신은 개인적으로 독서가 익숙하고 책을 좋아하는 편이지만 활자에 익숙하지 않은 학생들은 책을 펴 보는 것조차 어려워했다. 독서의 시작은 책을 펴고 활자를 눈으로 따라가며 읽는 것이다. 시작하는 것이 가장 어렵지 막상 읽다 보면 한없이 쉽고 재밌는 것이 독서다. 따라서 개인적으로 수업 시간에 책 한 권을 펴고 같이 읽는다는 점에서 슬로리딩에 관심을 갖게 되었다.

관심은 있었으나 나에게도 슬로리딩은 생소했으며 어떻게 해야 할지 막막하기만 했다. 책 선정부터 교육과정 재구성까지 쉬운 일이란 하나도 없었다. 하지만 생각해 보면 가장 어려웠던 것은 슬로리딩을 해 보겠다는 결심을 하고 연구했던 그 시작점이었다. 막상 시도해 보니 학생들은 의외로 너무나 잘 따라와 주었으며 즐겁게 수업에 참여했고, 나 자신도 슬로리딩으로 수업하는 재미에 푹 빠지게 되었다.

물론 지금 생각해 보면 부족했던 점, 개선해야 할 점이 너무나 많지만 슬로리딩을 하겠다고 결심하고 고민한 것, 그것을 실제로 시도해 본 것 자체가 교사로서 한 걸음 나아갈 수 있게 만드는 하나의 자산이 된 것 같다.

누군가 나에게 슬로리딩 수업을 한 번 더 할 수 있겠느냐고 물으면 나는 망설임 없이 '그렇다'고 대답할 것이다. 책꽂이에 꽂혀 있을 때는 한없이 어려워 보이지만 막상 펼쳐 읽어 보면 열중해서 재밌게 읽는 책처럼 슬로리딩이란 수업도 막상 시작해 보면 어려움이나 고됨보다 즐거움이나 보람이 더 크다고 생각한다.

학생들의 수업 후기

5학년 1학기 《장발장》 슬로리딩에 이어 2학기에는 《몽실 언니》로 슬로리딩을 하게 되었다. 1학기에는 국어 전담 선생님과 함께 했었는데 이번에는 우리 반 선생님이랑 해서 기대되었다. 초반에는 수업 끝에 느낌을 적었는데 그때부터 독서 생활이 매우 조금씩 바뀐 것 같다. 《몽실 언니》를 국어 시간에 1장 정도 읽고 활동을 했었는데 역할극, 암죽 만들기, 국어랑 관련된 활동 들을 했다. 그중에서 나는 난남이 키우기 활동과 암죽 만들기가 제일 재미있고 뜻깊었던 것 같다. 암죽 만들기는 그 당시에 몽실이가 어떻게 만들었는지 알 수 있었고 재미있기도 했다. 그리고 난남이 키우기 활동은 동생을 돌보는 것처럼 살살 다루어야 해서 조금 힘들었지만 뜻깊은 활동이었다.
슬로리딩이 사람의 생활을 바꾸게 한 느낌이다. (이○○)

5학년 2학기를 시작하던 그땐가? 그때 우리는 두 번째로 슬로리딩을 했다. 첫 번째는《장발장》을 했었는데 또 한다니, 귀찮았다. 난 사실은 책을 읽지도 않고 좋아하지도 않았다. 그래서 할 수 없이 그냥 하게 되었는데 두 번째로 슬로리딩을 하게 된 책은《몽실 언니》라는 책이다. 그리고 내용도 많았다. 그래서 '대충대충 읽자'라고 생각을 했다. 하지만 읽으면 읽을수록 점점 재미있어지고 시간 가는 줄도 몰랐다.

난 원래 책이라면 만화책, 그림책을 봤는데 다 글은 거의 없는 책이었다. '아, 그림이 없어도 상상이 되고 이렇게 재미있을 수 있구나!'라고 생각을 했다. 슬로리딩 수업이 끝나고 난 점점 책을 읽으려고 노력했고 점점 책에 대한 싫은 마음이 사라지고 있다. 그리고 그 시대의 상황도 알 수 있었다. 특히 그 인물의 입장이 되어 질문을 다른 사람이 하면 그 사람이 되어서 대답하는 게 제일 재미있었다. 책에는 없는 그 인물의 마음을 좀 더 알 수 있었다. 난 앞으로 더 책을 가깝게 내 곁에 놔두고 싶다. (강○○)

국어 수업 대신 책을 읽어서 너무 좋았다. 그리고 교훈도 많이 얻었다. 많이 울기도 하고 웃기도 하고 역할을 나눠서 읽으니까 더 재미있었던 것 같다. 내년에도 국어 수업 대신 슬로리딩을 했으면 좋겠다. 같은 책의 내용이더라도 4~5번 읽으니까 뒤의 내용도 어느 정도 예상할 수 있었고 더 기억에 남은 것 같다. (정○○)

기억에 남는 점은 김씨가 몽실이를 밀어서 다리병신이 되었던 것이 안타까워서 기억에 생생하게 남는다. 그리고 교과서를 볼 때는 너무나 졸리고 하기 싫은 마음이 드는데 《몽실 언니》라는 책으로 슬로리딩을 한다고 해서 '뭐 그냥 교과서보다는 낫겠지'라는 생각을 했는데, 상상 이상으로 재미있었고 그 캐릭터에 대한 정보를 질문해서 캐내는 게 너무 재미있었다. 앞으로도 슬로리딩을 하고 싶다. (하○○)

《몽실 언니》 슬로리딩을 하면서 정말 재미있는 일들이 많았다, 달걀 키우기, 암죽 만들기, 연극 활동 등이 재미있었다. 그리고 《몽실 언니》를 하면서 배운 점은 '슬로리딩을 하면 책을 잘 이해할 수 있구나'라는 것을 알았고 다음은 재미있는 책들이 많다는 것도 배웠던 점 중에 하나다. 그리고 마지막으로 느낀 점은 앞으로 책을 읽고 좀 더 생각을 하고 읽는 것이 좋을 것 같다고 느꼈다. 그리고 일주일에 한 번은 책 두 권 정도 읽는 것이 좋을 것 같다고 생각했다. 《몽실 언니》 슬로리딩을 하면서 재미있었던 점, 배운 점, 느낀 점 등이 정말 많았던 것 같다. (노○○)

국어 교과서로 공부하지 않고 책으로 공부해서 좋았고 슬로리딩이라는 것을 알게 되어 기뻤다. 《몽실 언니》 책을 배우며 몽실이는 참 불행한 삶을 살았지만 나는 지금 이렇게 잘 살고 있는 것에 감사하고 만족하게 되었다. 《몽실 언니》 책을 알게 되어서 정말 좋았고 여러 번 읽을 때마다 읽었던 곳이라도 다르게 느껴졌다. 친구들과 토론을 해 보아서 좋았고 선생님과 해서 기쁘고 만족스러웠다. (김○○)

7장

초등학교 6학년 슬로리딩

공감하며 성장하는
《안네의 일기》

SLOWREADING

슬로리딩 소개하기

첫 시간은 슬로리딩을 소개하는 시간이었다. 수업 시간에 교과서가 아닌 일반적인 책으로 진도를 나가는 것이라고 안내했고 책에 대한 소개와 더불어 작가에 대한 소개를 했다. 학생들은 일단 교과서로 하지 않는다는 점에서 이미 긍정적으로 받아들이고 있었다. 이러이러한 수업을 한다고 수업 전에 미리 공지를 했고 책을 구입해 읽어 보라고 하니까 대부분이 책을 산 다음 날 아침부터 그 책을 꺼내어 읽고 있었다. 관심이 높았다.

인물과 배경 이해하기

《안네의 일기》는 안네가 쓴 일기다. 오래전부터 세계적인 추천 도서인 이 책은 우리 집 책꽂이에도 꽂혀 있어 나도 어렸을 때 읽었다. 그런데 솔직히 별로 재미가 없었다. 재미없던 책을 재미있게 읽어 보라는 것도 참 웃기지 않을까? 나는 왜 재미없었을까? 지금은 그래도 제법 읽을 만했다.

워낙 문학 읽기를 싫어하는 내가 그래도 읽을 만했다는 것은 어렸을 때와는 달라졌다는 것이다. 나는 그 이유가 배경지식이라 생각했다. 나는 아는 만큼 보인다고 믿는다. 돌멩이 하나라도 의미가 있는지 없는지를 알면 다르게 보이고 재미있다.

아이들에게도 이 책의 의미와 가치를 제대로 알려면 배경지식이 필요하다고 믿었다. 이 책을 읽으면서 재미있으려면 '안네'에 대해 알아야 하므로 '배경지식 활성화'를 가장 먼저 시작했다.

《안네의 일기》는 1930~1940년대, 중부 및 서유럽, 제2차 세계대전, 유태인 박해가 그 배경을 이룬다. 이 시간적, 공간적, 사회적 배경은 우리 학생들에게는 생소하다. 왜 안네는 마음대로 자전거를 탈 수 없고, 유태인 학교라는 특별한 학교를 다녀야 하고, 유태인은 그것에 왜 반항하지 못하고 조용히 말을 따라야 했었는지 등 당시의 배경지식을 쌓지 않고서는 그저 읽기 시간에 불과할 수 있다. 그래서 책을 읽기 전에 먼저 배경지식 활성화를 위한 활동을 시작했다.

수업은 작가 소개로 시작했다. 안네 프랑크 소개를 통해 안네가 살았던 시절의 시대적 단어를 뽑아냈다. 그것은 '2차 세계대전', '유럽', '유태인', '독일 나치' 등이었다. 이 단어들로 학생들은 모둠별로 자유롭게 한 단어를 정해서 발표를 준비했다. 걱정이 되어 물어보니 나름 골고루 선정하였다. 학생들이 가장 관심을 가진 단어는 '유태인'이었다. 유럽에서 유태인의 존재는 《베니스의 상인》의 고리대금업자 '샤일록'에 비치는 모습처럼 피도 눈물도 없이 돈에만 미쳐 사는 '말종' 집단 정도로 비쳐지고 있었다는 점에서 안네의 가족이 차별받고 숨어 살아야 했던 상황을 이해할 수 있었다. 그리고 전쟁을 일으킨 독일 나치당의 '인종주의' 입장에서 가장 위대한 '아리안 인종'과 가장 밑바닥에 있는 '유태인'은 공존할 수 없었다. 이것은 민족 말살 정책인 '홀로코스트'의 근거가 되었고, 그것에 의해 안네의 가족은 박해를 당하다가 숨어 살게 되고 결국 아버지를 제외하고는 모두 목숨을 잃게 된다. 물론 학생들이 모두 이러한 사회적 상황에 대한 이해가 제대로 되었다고 보지 않지만, 계속 수업을 진행하면서 이러한 상황과 인물의 삶을 연결시키는 이야기를 이어 갈 것이다. 이렇게 학생들 스스로 발표를 준비하면서 안네의 당시 상황을 이해하는 배경지식을 쌓기 시작했다.

안네의 일기

글 : 안네 프랑크

그림 : 최미숙

옮긴이 : 백승자

출판사 : 삼성출판사

안네와 함께
읽기

사회 수업과의 연계

책의 1, 2장은 안네 가족이 은신처로 이동하기 전의 모습이 나온다. 《안네의 일기》는 독일에서 나치의 박해를 피해 네덜란드로 이동한 뒤 생일 선물로 일기장을 받은 안네가 첫 일기를 쓰면서 시작한다. 경쾌한 말투로 이어 가던 일기를 몇 장 넘기다 보면 유태인을 차별하는 장면들이 나온다. 예를 들면 유태인은 가슴에 커다란 노란 별표를 달아야 하고, 전차나 자가용을 사용할 수 없으며, 오후 3시부터 5시까지만 물건을 살 수 있으며, 또한 '유태인 가게'라는 곳에서만 살 수 있고 저녁부터 아침까지 통행금지 등 다양한 차별 이야기가 이어졌다.

슬로리딩 수업을 막 진행하고 있을 당시 6학년 2학기 사회 수업의 단원은 '1. 우리나라의 민주정치'였다. 이 단원을 살펴보면 '(4) 행복한 삶과 권리' 소단원이 나오는데, 여기를 보다가 《안네의 일기》 책을 읽으니 사회 과목에서 배우는 '국민의 권리'와 '인권'과 관련해 많은 생각 거리를 안겨 주었다. 슬로리딩에서 처음 계획은 '국어에서의 재구성'이었다. 재구성 자체가 익숙하지 않은 상태에서 다른 과목까지 넣을 자신이 없었으므로 국어의 성취기준을 가지고 슬로리딩 수업을 재구성했다. 막상 사회 과목의 인권 부분을 수업하다 보니 《안네의 일기》 장면과 겹치는 부분이 많았다. 예를 들면 유태인들이 사회에서 겪는 차별은 '평등 권', 안네 가족이 마음대로 다닐 수 없고 불편하게 겪는 것은 '자유권' 이나 '행복추구권'과 연관된다. 그래서 사회 수업을 진행하면서 《안네의 일기》의 내용을 같이 넣어 수업했다.

구체적인 수업은 인권 침해를 당하는 아이들의 예를 PPT와 학습지 로 준비한다. 각 사례를 보면서 해당하는 인권에 대해 학습지를 풀면서 인권 학습을 진행한다. 그다음 바로 《안네의 일기》를 펴고 안네의 사례 에 해당되는 인권을 찾아내 보았다. 이러한 활동을 통해 인권에 대한 이해도를 피상적이지 않고 깊이 있게 이해할 수 있었다. 그리고 책을 읽 으면서 생각해 보지 못했던 인권에 대한 인식을 할 수 있어서 안네의 상황을 좀 더 실감할 수 있는 수업이었다.

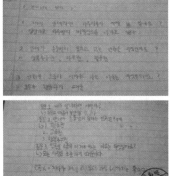

《안네의 일기》로 인권 수업 하기

은신처 생활하기

은신처는 이제 안네가 사춘기의 몇 년을 보내는 중요한 장소이다. 그곳에서는 밖을 나갈 수도 없고, 친구를 만날 수도 없으며, 목소리도 크게 낼 수 없다. 이제 학생들과 그곳, 은신처로 이동해야 한다. 은신처로 이동하기 전에 안네가 예정보다 이르게 은신처로 피신하면서 일기장을 급하게 챙겨 가는 장면이 있다. 아이들은 과연 이런 상황에서 어떤 물건을 챙길까? 다섯 가지를 적어 보라고 했다. 아이들은 무인도로 이동할 때와 비슷했다. 생각해 보라고 하니 딱히 떠오르는 게 없는 것 같았다. 숙제처럼 미리 시간을 주면 좋았을 텐데 내 성격이 급한지라 바로 적으라고 하니 의식주에 관한 것이 대부분이었다. 특히 휴대폰은 꼭 챙겨 가려고 했다. 아이들이 그곳에서는 와이파이가 잘 터지는 줄 아는가 보다.

대한민국 청소년의 삶이 아닌 나치 치하 네덜란드의 은신처에서 살아가는 소녀의 입장에서 할 수 있는 활동들 중에서 가장 먼저 떠오른 것은 '숨기'이다. 안네가 은신처에 숨어 사는 만큼 숨는 것에 대한 경험을 한번 해 보는 게 좋겠다고 생각했다.

일단 노는 기분이 들어서인지 학생들이 많이 좋아했다. '숨기'를 어떻게 하면 안네를 이해하면서 안네랑 놀 수 있을까 고민이 되었다. 학교를 전체로 숨바꼭질을 하면 가장 괜찮겠다고 생각했다. 하지만 다른 교실에서 한창 수업 중에 그런 활동을 진행하기가 쉽지 않았다. 대신 선생님이 나가 있을 테니 한번 숨어 보라고 했다. 5분 뒤에 들어와 보니 교실은 사진과 같았다. 2명을 제외하고는 거의 들키지 않고 감쪽같이 숨어 있었다. 솔직히 놀랐다. 25명이 교실이라는 좁은 공간에 숨었는데도 숨소리 하나 들리지 않았다. 나는 놀라서 한 5분 정도 기다려 보았다. 슬슬 몇 명이 지쳐서 항복하고 나왔다. 잠깐은 숨어도 길게 있기 힘들었던 모양이다. 끝나고 사진을 보여 주니 다들 웃으면서 신기해했다. 의외로 숨어서 사는 것이 가능한 것처럼 느껴진 모양이다.

은신처처럼 숨기

이 활동을 하고 나서는 우리 학교 안에서 '은신처'로 지낼 만한 공간을 찾아보기 과제를 냈다. 아이들은 안네처럼 '등잔 밑이 어두운' 장소에 숨어 보고 느낀 점을 써 보게 했다. 대부분 화장실, 식당처럼 먹을 것이나 물이 해결되는 곳을 찾았고 몇몇은 나도 생각지 못한 재미있는 공간을 찾아서 은신처로 삼기로 했다.

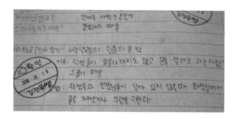

우리 학교에서 '은신처' 찾아보기

《안네의 일기》에는 '은신처의 생활 규칙'이 나와 있다. 식사는 살찌지 않는 음식, 휴식 시간, 외출은 무제한 연기 등 나름 체계 있고 이유 있는 규칙들이 나열되어 있었다. 이것을 읽어 보고 은신처의 규칙을 직접 만들어 보기도 했다. 모둠별로 은신처의 규칙을 정리해 모둠 칠판에 정리했고 그것을 자기 공책에 옮기거나 정리했다.

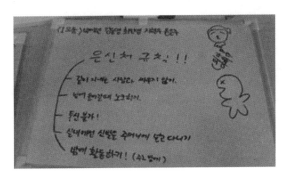

은신처의 생활 규칙

규칙이란 것은 우리도 필요하지만 은신처에 사는 사람들은 더욱 중요하다. 규칙을 지키지 않으면 생존을 위협받을 수 있기 때문에 예민한 문제이면서 모두가 인정할 수 있어야 했다. 각각이 제시한 규칙을 발표한 후에 다른 학생이 질문을 통해 이의를 제기하거나 수정할 수 있다.

은신처 규칙의 대전제는 '안전'이었다. 정하기 전에 너무 자유분방하지 않도록 위험하지 않는 규칙을 정하는 것으로 했다. 그러자 역시 다양한 규칙이 나왔다.

같이 지내는 사람과 싸우지 않기

대화하는 목소리는 낮추기

밤에는 다니지 않기

목욕은 배가 다니는 시간에 하기

일주일에 한 번씩 모여서 카드 게임 하기

서로의 생각 존중하기

자신만의 이익 추구하지 않기

자기 공간의 청결을 책임지기

은신처의 시간표도 만들어 보았다. 책에 나와 있는《안네의 일기》를 바탕으로 모둠별로 시간표를 만들어 보았다.

학생들은 모둠원과 토의하며 시간표를 만들었다. 책에 나와 있는 은신처에서의 시간을 우리가 흔히 만드는 시간표를 활용하여 직접 만들어 보니 아이들은 저마다 은신처 생활을 상상할 수 있었다. 우리가 평소에 당연하게 생각한 자유롭고 편안한 삶이 안네에게는 주어지지 않았고 학생들은 그런 안네의 입장에서 생각하고 시간표를 짜서 발표했다. 이에 따라 각자 생각한 다양한(은신처에서 하기 적합한) 활동을 제시하고 이야기를 나누어 보았다.

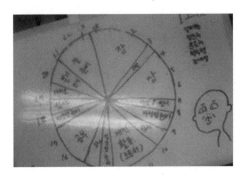

은신처에서의 시간들

인물관계도

안네의 은신처에는 안네, 안네의 언니(마르고트), 안네의 부모님, 판 단 부부, 판 단의 아들(피터), 뒤셀 이렇게 8명의 사람들이 있다. 이 책의 내용이 상상이 아닌 실제이므로 안네의 기록은 하나의 관점에 불과하지만 그래도 그것을 바탕으로 인물의 관계도를 그려 보았다.

인물관계도는 책의 전반적인 내용 파악에 도움이 많이 된다. 수업을 시작하면서 가장 유명한 드라마와 영화의 홈페이지에 들어가서 등장인물관계도를 같이 찾아보았다. 나도 그렇지만 인물의 관계를 파악하면 이야기 전체를 파악하기가 쉬워진다. 그래서 재구성 중 전반부에서 관계도를 만들어 볼까 생각했었는데 그것보다는 이야기를 읽어 가면서 인물들의 모습이 나올 때 추측하면서 정리하는 것으로 관계도를 만드는 것이 좋겠다고 생각하여 책 중반부 정도에서부터 그렸다.

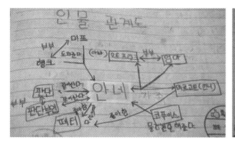

인물관계도

토론하기

국어 수업에서 토론 활동이 중요하다는 것은 교사라면 다 안다. 토론을 통해서 슬로리딩 수업을 좀 더 활성화시키고 학생들도 토론의 기회를 가지면 좋겠다는 생각이었다.

먼저 책에서 토론을 할 부분을 찾아야 했다. 나는 책을 시작점으로 해서 토론으로 끌어 갈 부분을 두 가지 정도 찾았다. 첫 번째는 은신처에서 사람들 간에 논쟁을 벌인 '겸손'에 관한 것이다. 은신처 사람들이 모여서 안네의 아버지가 너무 겸손하다는 이야기를 나누며 겸손에 대한 생각을 나누고 있었다. "지나친 겸손 때문에 손해를 볼 수 있단다"라는 문장에서부터 토론을 시작했다.

토론 방식은 일반적인 국어 시간의 토론과 다르지 않았다. 책을 다시 읽어 보고 겸손의 정의를 먼저 내리고, 각자의 생각을 공책에 적어 본다. 그리고 입장별로 자리를 마주 앉으며 대표 발언과 보충 발언을 번갈아 실시한다. 그리고 나서 서로에 대한 질문을 준비하고 질문과 답변을 실시한 후 최종 변론을 하고 나서 입장 변화를 확인하고 토론을 마쳤다.

사실 겸손이 좋다 나쁘다 이야기하는 것은 확실히 결정하기 어려운 토론 주제였다. 대부분의 근거는 단편적이었고 결국 중간적인 입장에서 적당한 겸손이 답이라는 식의 결론이 나왔다. 어쨌든 책에 나온 내용을 그대로 토론으로 가져온 것이라 슬로리딩이라는 전체 활동에 연계된 것이 책을 이해하는 데 큰 도움이 되었다.

두 번째 토론은 좀 더 현실적인 주제였다. 은신처에서 생활하는 중간에 뒤셀이라는 중년의 남성이 합류하게 되는데 이 남자의 숙소를 안네의 방으로 정한다. 실제로 그 상황에서 나름의 고민 끝에 나온 결론이겠지만(아닐지도?) 뒤셀 씨를 안네와 같은 방에 쓰게 할지 말지 학생들에게 선택하게 했다.

토론은 나름 활기차게 진행되었다. 일부 남학생들은 어쩔 수 없는 상황이므로 그렇게 해야 한다고 주장하는 반면, 여학생들은 거의 다 어쩔 수 없더라도 다른 방법을 찾아야 한다고 말했다. 반대 근거로 '불편하다', '위험한 상황이 발생할 수 있다', '위치를 다시 다 배치하면 된다' 등이 나왔는데, 이에 대해 찬성 측은 '어쩔 수 없다', '빨리 정하지 않으면 위험해질 수 있다' 등의 근거로 토론했다. 결과적으로 뒤셀 씨가 다른 방으로 가는 것으로 의견을 모았다. 이 과정에서 학생들, 특히 여학생들은 안네의 입장에서 감정이입을 한 것처럼 보여서 사춘기를 은신처에 갇혀 살아가는 주인공을 이해하는 면에서 토론 활동의 효과가 좋았음을 느꼈다.

토론 주제	은신처에 새로 들어온 뒤셀 씨를 안네의 방에서 지내게 해야 한다.	
찬반여부	찬성	반대
근거	○ 다른 공간이 없기 때문에 안네의 방으로 온 것이다. ○ 안네의 방에 여유가 있어서 배정한 것이고, 다른 곳에 옮기려면 시간과 소음이 날 수 있어서 위험하다.	○ 성인 남성과 어린 소녀를 한방에서 지내게 하는 것은 위험하다. ○ 너무 불편하다.
결과	7	18

여기서 기왕에 토론할 거라면 연극처럼 역할을 정하고 그 속에서 토론하는 것이 좋았겠다는 생각이 들었다. 예를 들어 뒤셀 씨를 안네 방에 머물게 하고 싶은 판 단 씨 가족과 다른 방법을 찾고 싶은 안네 가족의 열띤 토론을 재연한다면 더 재미있고 감정이입을 할 수 있지 않았을까 하는 생각이 들어 조금 아쉬웠다.

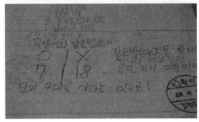

'겸손'에 대한 토론

이야기 바꿔 보기

6학년 국어 교과서를 살펴보면 인물의 성격이나 배경 같은 것을 바꿔서 이야기를 상상하는 단원이 나온다. 이 단원은 어떤 이야기에서도 쓰기 좋은 소재이므로 이 책의 내용으로도 잘 쓸 수 있었다.

먼저 안네의 성격을 바꿔 보았다. 인물의 성격을 파악할 수 있는 말이나 행동을 찾아보고 거기서 알 수 있는 성격을 바꾸어 보는 활동이다. 이 책 특성상 모든 문장이 안네의 말이므로 안네의 말을 통해서 안네의 성격을 파악한다고 보면 된다. 살펴보면 안네는 대체로 착한 편이다. 무엇보다 긍정적이고 배려하는 모습이 많이 보인다. 이러한 성격을 부정적이고 이기적이면서 남을 시기하는 성격으로 바꾸어 보았다. 그리고 그러한 성격으로 일기를 써 보았다.

이야기 바꿔 보기

키티, 안녕. 오늘은 유대인 동포들이 대량 학살됐다는 소식을 들었어요. 마음이 좀 아프긴 하지만 뭐, 어쩌겠어요. 운명인걸! 우리만 안 잡히면 되는 거예요. 다른 유대인 동포들이 죽든지 말든지 어떻게 되든가 말든가 상관없어요. 차라리 전부 다 죽어서 다시 밖으로 나갈 수 있는 날이 빨리 왔으면 좋겠어요. 이런, 또 지루한 말만 했군요. 그럼 이만 잘 있어요. 키티!

은신처에서 살면서 안네는 언니와의 갈등으로 힘들어한다. 그것을 안네는 편지로 대화한다. 말로 대화하고 SNS로 대화하는 것이 익숙한 시대에 편지로 대화하는 것은 생소한 일이다.

하지만 편지로 마음을 전하는 것은 장점이 많다. 신중하게 말할 수 있어서 진심을 담기 좋고, 정성을 느낄 수 있어서 관계에 도움이 많이 된다. 학생들은 글로써 마음을 전하는 것에 대한 장점을 서로 이야기해 보고 친구에게 마음을 전하는 간단한 메모와 편지를 써서 그 자리에서 교환해 보았다.

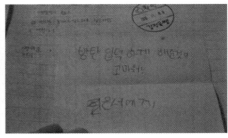

편지로 마음 전하기

감정 그래프

사람의 감정을 시간 흐름에 따라 그린 감정 그래프는 현재 국어 수업에서도 많이 사용되고 있다. 이 수업에서 안네와 같이 사는 피터에 대한 안네의 감정을 그래프로 그리는 활동을 했다. 일기 초반에는 피터에 대한 언급은 거의 없지만 후반으로 갈수록 피터에 대한 복잡한 마음을 많이 표현하고 있다.

책을 앞에서부터 읽다 보면 피터에 대한 감정 표현이 간혹 나오는데 그것을 그래프로 표현하면 점점 좋아지는 안네의 마음을 알 수 있다. 이 활동으로 책을 다시 읽으면서 앞의 내용을 상기할 수 있으며 인물의 입장 이해에 도움이 된다.

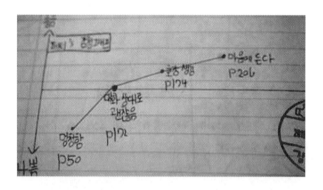

피터에 대한 감정 그래프

마무리 활동

슬로리딩 수업을 진행하면서 학생들이 책에 대한 재미와 관심을 갖게 할 수 있는 방법이 계속 필요함을 느꼈다. 그래서 책을 읽고 나서 느낀 점을 다른 친구들과 공유하는 것이 좋겠다고 생각했다. 그러면 매 수업마다 느낀 점을 쓰라고 해야 할까? 그건 시간도 걸리고 '재미있었다' 등의 단편적인 답만이 나올 것이 예상되었다. 그래서 선택한 것이 '필사 노트' 쓰기이다.

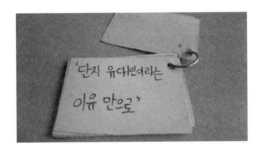

필사 노트

필사 노트는 말 그대로 베껴 쓰는 노트이다. 수업마다 책에서 읽은 부분 중에서 기억에 남는 문장 하나를 적는 것이다. 노트는 너무 크지 않게 눈에 잘 들어오는 적당한 크기로 만들면 될 것이다. 필사를 하는 것은 부담이 적고, 나중에 봤을 때에는 자신이 읽은 것을 기억할 수도 있으며, 다른 친구들과 같은 문장인 경우 동질감을 느낄 수 있다. 그러면 더욱 독서와 수업이 재미있어진다. 필사를 하고 각 모둠별로 수업 마치고 쉬는 시간까지 필사 노트에 적은 것을 모둠 칠판에 적어서 교실

뒤에 비치했다. 그러면서 학생들이 자신의 필사 문장과 다른 친구들의
문장을 비교하는 가운데 공유가 이루어졌다.

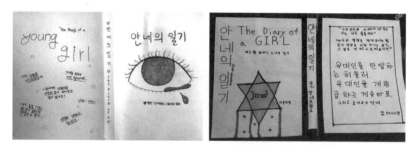

필사 문장 모으기

마지막으로 책 표지 만들기 활동을 했다. 《안네의 일기》를 읽고 느낀
감정, 필사 노트에 적어 놨던 많은 문장들을 가지고 책 표지를 만들어
보았다.

책 표지는 유태인의 잔혹한 삶과 죽음에 대한 느낌을 강조한 것과
안네의 밝은 성격을 강조하는 것, 두 가지 스타일로 만들어졌다.

수업을 마치면서 나는 학생들에게 수업이 즐거웠는지 물어보고 싶었다. 초반에는 내가 시량을 조절 못 해 계속 시간이 모자랐고, 그것 때문에 해야 할 것들만 급히 읽고 적는 것으로 수업을 끝냈다. 그러자 아이들은 너무 지겹고 힘들다고 말했다. 그래서 웬만한 수업은 연속 2차시로 진행했고 그러니까 비로소 안정이 되었다. 슬로리딩 수업이 끝나갈 무렵 이 수업에 대한 소감을 학생들에게 받았다.

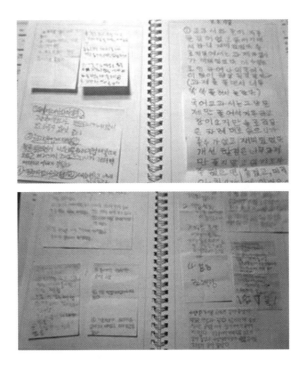

수업 소감

첫째, 슬로리딩 수업의 장점과 단점은 무엇인가.

둘째, 기존 교과서 수업과 비교해 보자.

셋째, 다음 슬로리딩 수업은 어떻게 하는 게 좋을까.

세 가지 질문을 했더니 한 학생의 답변은 이러했다.

교과서처럼 지루한 감이 없고 읽어 가면서 하니 재미있었다. 슬로리딩에서는 과제와 읽기가 재미있다. 이 수업으로 인해 나의 외국어 실력까지 많이 향상된 것 같다(과제를 하면서 너무 쑥쑥 해결해서 놀랐다).

국어 교과서는 그냥 문제만 풀어서 지루하고 잠이 오지만 슬로리딩은 차례대로 읽으니까 졸 수 없고 재미있었다.

개선해야 할 점은 너무 과제만 하지 말고 수업 중에 읽기도 자주 했으면 좋겠고, 미리 아침 시간에 읽어 오므로 책이 너무 빨리 끝나는 것 같다. 그리고 짧은 시간에 책을 읽게 되면 천천히가 아니라 빨리 읽게 되어 아쉽다. 그리고 선생님이 페이지를 생략하며 읽어 가서 빨리 끝나게 돼서 아쉽다.

솔직히 놀랐다. 수업 중에 지겨워하면서 제대로 하지 못한 학생들도 제법 있었는데 그래도 많은 학생들이 슬로리딩 수업에 긍정적이었다. 기존의 교과서로 했던 수업이 그만큼 지겨웠던 모양이다. 학습 목표와 성취기준을 위해서 교재를 가져와서 부분적으로 사용하는 교과서의 구조보다 실제적인 책을 가져와서 수업을 하는 것이 아이들에게 효과적이라는 생각이 들었다. 어쩌면 슬로리딩 수업을 준비하는 만큼 교과서에 충실해서 수업했다면 못지않은 결과가 나올 수도 있다. 어쨌든 아이들은 생각보다 책 읽기를 좋아했다. 집중도 있게 책을 파고들면서 토론하고 활동한다면 더욱더 재미있는 국어 수업이 될 거라고 생각한다.

지금까지는 비록 국어 수업의 일부로밖에 활용하지 못했지만 미리 계획을 잘 세우고 준비한다면, 국어 수업뿐만 아니라 사회, 도덕, 미술, 음악, 체육 등 다방면에서 활용할 수 있는 수업이다. 교사가 자신의 성향에 맞고, 수업 활용도가 높은 책을 직접 찾아보기를 권한다. 문학적으로 가치가 있는 책이라면 얼마든지 가능하다.

《안네의 일기》
슬로리딩 수업을 마치며

나는 책 읽기를 즐겨 하지 않는다. 엄밀히 말하면 내 관심사 밖의 책은 별로 관심이 없다. 그냥 휴대폰 쳐다보면서 잡다한 블로그나 게시판 글이나 읽고 가끔 영상도 보면서 시간을 보내지 굳이 앉아서 책을 읽지는 않는다.

놀랍게도 어렸을 때 우리 집에는 책이 정말 많았다. 자식들에게 책을 읽게 하시고 싶은 마음에 보수동 책방 골목에 찾아가셔서 재미있어 보이는 아동 전집을 잔뜩 실어다가 집에다 꽂아 두시곤 했다. 그 덕분에 나도 그때는 독서를 즐겨 했다. 특히 만화로 된 역사책과 과학책들은 아직도 나에게 많은 지식의 밑바탕으로 깔려 있다. 만화로 된 책은 그때나 요즘에나 아이들에게 인기이다. 그림으로 읽다 보면 머릿속에 쏙쏙 박히면서 속도감 있게 책을 읽게 된다.

그런데 어느 순간부터 책은 '공부'의 도구가 되었다. 대부분 그렇겠지만 학창 시절을 보내면서 책은 문제집으로도 충분했고, 서점은 문제집을 사러 가는 곳이며, 부모님 또한 독서에 관심을 두지 않으셨다. 책과 자연스럽게 멀어졌다. 그래서 어른이 되고부터 책을 읽는 것이 귀찮았고 어색했다. 어쩌다가 책을 펼쳐도 그냥 만화책 읽듯이 대충대충 읽었다. 가끔 학급 운영이나 교직에 관련된 다양한 내용의 책을 읽을 때는 아예 노트를 꺼내 내용을 요약하면서 읽어야 했다. 아니면 책이 눈에 잘 들어오지 않았다. 어릴 때는 다독상까지 받았었는데 말이다. 그것도 그냥 훌렁훌렁 읽어 버리는 버릇 때문이라 생각한다.

슬로리딩을 접한 것은 우리 학교 수석 선생님의 수업 시간이었다. 《장발장》이라는 책으로 수업을 진행했는데, 교과서를 보지 않고 수업을 한다는 것이 새로웠다. 하나의 수업을 보면서 슬로리딩이 어떤 것인지 다 알 수는 없었지만 처음으로 그 단어를 접했고, 그러다가 우리 학교에서 슬로리딩을 같이하자는 제안을 받았다. 나도 뭔가 변화가 필요하다는 생각이 들어서 슬로리딩 수업을 같이하게 되었다.

그저 책을 가지고 수업을 해 본 것을 이렇게 글로 남기는 것이 참 부끄럽다. 하지만 부족한 내가 좋은 사람들과 학생들을 만나서 뭔가 해 보았고, 그 경험을 알리는 것이 조금이라도 도움이 된다면 기쁜 일이라고 생각한다.

삶의 행복을 꿈꾸는 교육은 어디에서 오는가?

미래 100년을 향한 새로운 교육   혁신교육을 실천하는 교사들의 필독서

▶ 교육혁명을 앞당기는 배움책 이야기
혁신교육의 철학과 잉걸진 미래를 만나다!

한국교육연구네트워크 총서

 01 핀란드 교육혁명
한국교육연구네트워크 엮음 | 320쪽 | 값 15,000원

 02 일제고사를 넘어서
한국교육연구네트워크 엮음 | 284쪽 | 값 13,000원

 03 새로운 사회를 여는 교육혁명
한국교육연구네트워크 엮음 | 380쪽 | 값 17,000원

 04 교장제도 혁명
한국교육연구네트워크 엮음 | 268쪽 | 값 14,000원

 05 새로운 사회를 여는 교육자치 혁명
한국교육연구네트워크 엮음 | 312쪽 | 값 15,000원

 06 혁신학교에 대한 교육학적 성찰
한국교육연구네트워크 엮음 | 308쪽 | 값 15,000원

 07 진보주의 교육의 세계적 동향
한국교육연구네트워크 엮음 | 324쪽 | 값 17,000원
2018 세종도서 학술부문

 08 더 나은 세상을 위한 학교혁명
한국교육연구네트워크 엮음 | 404쪽 | 값 21,000원
2018 세종도서 교양부문

 09 비판적 실천을 위한 교육학
이윤미 외 지음 | 448쪽 | 값 23,000원

 10 마을교육공동체운동:
세계적 동향과 전망
심성보 외 지음 | 376쪽 | 값 18,000원

 혁신학교
성열관·이순철 지음 | 224쪽 | 값 12,000원

 행복한 혁신학교 만들기
초등교육과정연구모임 지음 | 264쪽 | 값 13,000원

 서울형 혁신학교 이야기
이부영 지음 | 320쪽 | 값 15,000원

 혁신교육, 철학을 만나다
브렌트 데이비스·데니스 수마라 지음
현인철·서용선 옮김 | 304쪽 | 값 15,000원

한국교육연구네트워크 번역 총서

 01 프레이리와 교육
존 엘리아스 지음 | 한국교육연구네트워크 옮김
276쪽 | 값 14,000원

 02 교육은 사회를 바꿀 수 있을까?
마이클 애플 지음 | 강희룡·김선우·박원순·이형빈 옮김
356쪽 | 값 16,000원

 03 비판적 페다고지는
세상을 변화시킬 수 있는가?
Seewha Cho 지음 | 심성보·조시화 옮김 | 280쪽 | 값 14,000원

 04 마이클 애플의 민주학교
마이클 애플·제임스 빈 엮음 | 강희룡 옮김 | 276쪽 | 값 14,000원

 05 21세기 교육과 민주주의
넬 나딩스 지음 | 심성보 옮김 | 392쪽 | 값 18,000원

 06 세계교육개혁:
민영화 우선인가 공적 투자 강화인가?
린다 달링-해먼드 외 지음 | 심성보 외 옮김 | 408쪽 | 값 21,000원

 07 콩도르세, 공교육에 관한 다섯 논문
니콜라 드 콩도르세 지음 | 이주환 옮김 | 300쪽 | 값 16,000원

 대한민국 교사, 어떻게 가르칠 것인가?
윤성관 지음 | 320쪽 | 값 15,000원

 아이들을 어떻게 가르칠 것인가
사토 마나부 지음 | 박찬영 옮김 | 232쪽 | 값 13,000원

 모두를 위한 국제이해교육
한국국제이해교육학회 지음 | 364쪽 | 값 16,000원

 경쟁을 넘어 발달 교육으로
현광일 지음 | 288쪽 | 값 14,000원

혁신교육 존 듀이에게 묻다
서용선 지음 | 292쪽 | 값 14,000원

 독일 교육, 왜 강한가?
박성희 지음 | 324쪽 | 값 15,000원

 다시 읽는 조선 교육사
이만규 지음 | 750쪽 | 값 33,000원

 핀란드 교육의 기적
한넬레 니에미 외 엮음 | 장수명 외 옮김 | 456쪽 | 값 23,000원

 대한민국 교육혁명
교육혁명공동행동 연구위원회 지음 | 224쪽 | 값 12,000원

 한국 교육의 현실과 전망
심성보 지음 | 724쪽 | 값 35,000원

▶ 비고츠키 선집 시리즈
발달과 협력의 교육학 어떻게 읽을 것인가?

 생각과 말
레프 세묘노비치 비고츠키 지음
배희철·김용호·D. 켈로그 옮김 | 690쪽 | 값 33,000원

 성장과 분화
L.S. 비고츠키 지음 | 비고츠키 연구회 옮김
308쪽 | 값 15,000원

 도구와 기호
비고츠키·루리야 지음 | 비고츠키 연구회 옮김
336쪽 | 값 16,000원

 연령과 위기
L.S. 비고츠키 지음 | 비고츠키 연구회 옮김
336쪽 | 값 17,000원

 어린이 자기행동숙달의 역사와 발달 I
L.S. 비고츠키 지음 | 비고츠키 연구회 옮김
564쪽 | 값 28,000원

 의식과 숙달
L.S 비고츠키 | 비고츠키 연구회 옮김
348쪽 | 값 17,000원

 어린이 자기행동숙달의 역사와 발달 II
L.S. 비고츠키 지음 | 비고츠키 연구회 옮김
552쪽 | 값 28,000원

 분열과 사랑
L.S. 비고츠키 지음 | 비고츠키 연구회 옮김
260쪽 | 값 16,000원

 어린이의 상상과 창조
L.S. 비고츠키 지음 | 비고츠키 연구회 옮김
280쪽 | 값 15,000원

 성애와 갈등
L.S. 비고츠키 지음 | 비고츠키 연구회 옮김
268쪽 | 값 17,000원

 비고츠키와 인지 발달의 비밀
A.R. 루리야 지음 | 배희철 옮김 | 280쪽 | 값 15,000원

 관계의 교육학, 비고츠키
진보교육연구소 비고츠키교육학실천연구모임 지음
300쪽 | 값 15,000원

 수업과 수업 사이
비고츠키 연구회 지음 | 196쪽 | 값 12,000원

 비고츠키 생각과 말 쉽게 읽기
진보교육연구소 비고츠키교육학실천연구모임 지음
316쪽 | 값 15,000원

 비고츠키의 발달교육이란 무엇인가?
비고츠키교육학실천연구모임 지음 | 412쪽 | 값 21,000원

 교사와 부모를 위한 비고츠키 교육학
카르포프 지음 | 실천교사번역팀 옮김 | 308쪽 | 값 15,000원

 비고츠키 철학으로 본 핀란드 교육과정
배희철 지음 | 456쪽 | 값 23,000원

▶ 살림터 참교육 문예 시리즈
영혼이 있는 삶을 가르치는 온 선생님을 만나다!

 꽃보다 귀한 우리 아이는
조재도 지음 | 244쪽 | 값 12,000원

 선생님이 먼저 때렸는데요
강병철 지음 | 248쪽 | 값 12,000원

 성깔 있는 나무들
최은숙 지음 | 244쪽 | 값 12,000원

 서울 여자, 시골 선생님 되다
조경선 지음 | 252쪽 | 값 12,000원

아이들에게 세상을 배웠네
명혜정 지음 | 240쪽 | 값 12,000원

 행복한 창의 교육
최창의 지음 | 328쪽 | 값 15,000원

 밥상에서 세상으로
김흥숙 지음 | 280쪽 | 값 13,000원

 북유럽 교육 기행
정애경 외 14인 지음 | 288쪽 | 값 14,000원

 우물쭈물하다 끝난 교사 이야기
유기창 지음 | 380쪽 | 값 17,000원

▶ 4·16, 질문이 있는 교실 마주이야기
통합수업으로 혁신교육과정을 재구성하다!

 통하는 공부
김태호·김형우·이경석·심우근·허진만 지음
324쪽 | 값 15,000원

 미래교육의 열쇠, 창의적 문화교육
심광현·노명우·강정석 지음 | 368쪽 | 값 16,000원

 내일 수업 어떻게 하지?
아이함께 지음 | 300쪽 | 값 15,000원
2015 세종도서 교양부문

 주제통합수업, 아이들을 수업의 주인공으로!
이윤미 외 지음 | 392쪽 | 값 17,000원

 인간 회복의 교육
성래운 지음 | 260쪽 | 값 13,000원

 수업과 교육의 지평을 확장하는 수업 비평
윤양수 지음 | 316쪽 | 값 15,000원
2014 문화체육관광부 우수교양도서

 교과서 너머 교육과정 마주하기
이윤미 외 지음 | 368쪽 | 값 17,000원

 교사, 선생이 되다
김태은 외 지음 | 260쪽 | 값 13,000원

 수업 고수들 수업·교육과정·평가를 말하다
박현숙 외 지음 | 368쪽 | 값 17,000원

 교사의 전문성, 어떻게 만들어지나
국제교원노조연맹 보고서 | 김석규 옮김 392쪽 | 값 17,000원

 도덕 수업, 책으로 묻고 윤리로 답하다
울산도덕교사모임 지음 | 320쪽 | 값 15,000원

 수업의 정치
윤양수·원종희·장군 지음 | 280쪽 | 값 14,000원

 체육 교사, 수업을 말하다
전용진 지음 | 304쪽 | 값 15,000원

 학교협동조합,
현장체험학습과 마을교육공동체를 잇다
주수원 외 지음 | 296쪽 | 값 15,000원

 교실을 위한 프레이리
아이러 쇼어 엮음 | 사람대사람 옮김 | 412쪽 | 값 18,000원

 거꾸로 교실,
잠자는 아이들을 깨우는 수업의 비밀
이민경 지음 | 280쪽 | 값 14,000원

 마을교육공동체란 무엇인가?
서용선 외 지음 | 360쪽 | 값 17,000원

 교사는 무엇으로 사는가
정은균 지음 | 292쪽 | 값 15,000원

 교사, 학교를 바꾸다
정진화 지음 | 372쪽 | 값 17,000원

 마음의 힘을 기르는 감성수업
조선미 외 지음 | 300쪽 | 값 15,000원

 함께 배움
학생 주도 배움 중심 수업 이렇게 한다
니시카와 준 지음 | 백경석 옮김 | 280쪽 | 값 15,000원

 작은 학교 아이들
지경준 엮음 | 376쪽 | 값 17,000원

 공교육은 왜?
홍섭근 지음 | 352쪽 | 값 16,000원

 아이들의 배움은 어떻게 깊어지는가
이시이 준지 지음 | 방지현·이창희 옮김 | 200쪽 | 값 11,000원

 자기혁신과 공동의 성장을 위한
교사들의 필리버스터
윤양수·원종희·장군·조경삼 지음 | 280쪽 | 값 14,000원

 대한민국 입시혁명
참교육연구소 입시연구팀 지음 | 220쪽 | 값 12,000원

함께 배움 이렇게 시작한다
니시카와 준 지음 | 백경석 옮김 | 196쪽 | 값 12,000원

 함께 배움 교사의 말하기
니시카와 준 지음 | 백경석 옮김 | 188쪽 | 값 12,000원

 교육과정 통합, 어떻게 할 것인가?
성열관 외 지음 | 192쪽 | 값 13,000원

 학교 혁신의 길, 아이들에게 묻다
남궁상운 외 지음 | 272쪽 | 값 15,000원

 프레이리의 사상과 실천
사람대사람 지음 | 352쪽 | 값 18,000원
2018 세종도서 학술부문

 혁신학교, 한국 교육의 미래를 열다
송순재 외 지음 | 608쪽 | 값 30,000원

 페다고지를 위하여
프레네의 『페다고지 불변요소』 읽기
박찬영 지음 | 296쪽 | 값 15,000원

 노자와 탈현대 문명
홍승표 지음 | 284쪽 | 값 15,000원

 선생님, 민주시민교육이 뭐예요?
염경미 지음 | 244쪽 | 값 15,000원

 어쩌다 혁신학교
유우석 외 지음 | 380쪽 | 값 17,000원

 미래, 교육을 묻다
정광필 지음 | 232쪽 | 값 15,000원

 대학, 협동조합으로 교육하라
박주희 외 지음 | 252쪽 | 값 15,000원

 입시, 어떻게 바꿀 것인가?
노기원 지음 | 306쪽 | 값 15,000원

 촛불시대, 혁신교육을 말하다
이용관 지음 | 240쪽 | 값 15,000원

 라운드 스터디
이시이 데루마사 외 엮음 | 224쪽 | 값 15,000원

 미래교육을 디자인하는 학교교육과정
박승열 외 지음 | 348쪽 | 값 18,000원

 흥미진진한 아일랜드 전환학년 이야기
제리 제퍼스 지음 | 최상덕·김호원 옮김 | 508쪽 | 값 27,000원

 교사를 세우는 교육과정
박승열 지음 | 312쪽 | 값 15,000원

 전국 17명 교육감들과 나눈
교육 대담
최창의 대담·기록 | 272쪽 | 값 15,000원

 들뢰즈와 가타리를 통해
유아교육 읽기
리세롯 마리엣 올슨 지음 | 이연선 외 옮김 | 328쪽 | 값 17,000원

 학교 민주주의의 불한당들
정은균 지음 | 276쪽 | 값 14,000원

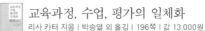 **교육과정, 수업, 평가의 일체화**
리사 카터 지음 | 박승열 외 옮김 | 196쪽 | 값 13,000원

 학교를 개선하는 교장
지속가능한 학교 혁신을 위한 실천 전략
마이클 풀란 지음 | 서동연·정효준 옮김 | 216쪽 | 값 13,000원

 공자던, 논어는 이것이다
유문상 지음 | 392쪽 | 값 18,000원

 교사와 부모를 위한
발달교육이란 무엇인가?
현광일 지음 | 380쪽 | 값 18,000원

 교사, 이오덕에게 길을 묻다
이무완 지음 | 328쪽 | 값 15,000원

 낙오자 없는 스웨덴 교육
레이프 스트란드베리 지음 | 변광수 옮김 | 208쪽 | 값 13,000원

 끝나지 않은 마지막 수업
장석웅 지음 | 328쪽 | 값 20,000원

 경기꿈의학교
진흥섭 외 지음 | 360쪽 | 값 17,000원

 학교를 말한다
이성우 지음 | 292쪽 | 값 15,000원

 행복도시 세종, 혁신교육으로 디자인하다
곽순일 외 지음 | 392쪽 | 값 18,000원

 나는 거꾸로 교실 거꾸로 교사
류광모·임정훈 지음 | 212쪽 | 값 13,000원

 교실 속으로 간 이해중심 교육과정
온정덕 외 지음 | 224쪽 | 값 13,000원

교실, 평화를 말하다
따돌림사회연구모임 초등우정팀 지음 | 268쪽 | 값 15,000원

폭력 교실에 맞서는 용기
따돌림사회연구모임 학급운영팀 지음 | 272쪽 | 값 15,000원

 학교자율운영 2.0
김용 지음 | 240쪽 | 값 15,000원

 그래도 혁신학교
박은혜 외 지음 | 248쪽 | 값 15,000원

 학교자치를 부탁해
유우석 외 지음 | 252쪽 | 값 15,000원

 학교는 어떤 공동체인가?
성열관 외 지음 | 228쪽 | 값 15,000원

 국제이해교육 페다고지
강순원 외 지음 | 256쪽 | 값 15,000원

 교사 전쟁
다나 골드스타인 지음 | 유성상 외 옮김 | 468쪽 | 값 23,000원

 미래교육, 어떻게 만들어갈 것인가?
송기상·김성천 지음 | 300쪽 | 값 16,000원

 인공지능 시대의 사회학적 상상력
홍승표 지음 | 260쪽 | 값 15,000원

 선생님, 페미니즘이 뭐예요?
염경미 지음 | 280쪽 | 값 15,000원

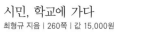 시민, 학교에 가다
최형규 지음 | 260쪽 | 값 15,000원

 혁신교육지구와 마을교육공동체는 어떻게 만들어지는가?
김태정 지음 | 376쪽 | 값 18,000원

▶ 교과서 밖에서 만나는 역사 교실
상식이 통하는 살아 있는 역사를 만나다

 전봉준과 동학농민혁명
조광환 지음 | 336쪽 | 값 15,000원

 교과서 밖에서 배우는 역사 공부
정은교 지음 | 292쪽 | 값 14,000원

 남도의 기억을 걷다
노성태 지음 | 344쪽 | 값 14,000원

 팔만대장경도 모르면 빨래판이다
전병철 지음 | 360쪽 | 값 16,000원

 응답하라 한국사 1·2
김은석 지음 | 356쪽·368쪽 | 각권 값 15,000원

 빨래판도 잘 보면 팔만대장경이다
전병철 지음 | 360쪽 | 값 16,000원

 즐거운 국사수업 32강
김남선 지음 | 280쪽 | 값 11,000원

 영화는 역사다
강성률 지음 | 288쪽 | 값 13,000원

 즐거운 세계사 수업
김은석 지음 | 328쪽 | 값 13,000원

 친일 영화의 해부학
강성률 지음 | 264쪽 | 값 15,000원

 강화도의 기억을 걷다
최보길 지음 | 276쪽 | 값 14,000원

 한국 고대사의 비밀
김은석 지음 | 304쪽 | 값 13,000원

 광주의 기억을 걷다
노성태 지음 | 348쪽 | 값 15,000원

 조선족 근현대 교육사
정미량 지음 | 320쪽 | 값 15,000원

 선생님도 궁금해하는 한국사의 비밀 20가지
김은석 지음 | 312쪽 | 값 15,000원

 다시 읽는 조선근대 교육의 사상과 운동
윤건차 지음 | 이명실·심성보 옮김 | 516쪽 | 값 25,000원

 걸림돌
키르스텐 세룹-빌펠트 지음 | 문봉애 옮김
248쪽 | 값 13,000원

 음악과 함께 떠나는 세계의 혁명 이야기
조광환 지음 | 292쪽 | 값 15,000원

 역사수업을 부탁해
열 사람의 한 걸음 지음 | 388쪽 | 값 18,000원

 논쟁으로 보는 일본 근대 교육의 역사
이명실 지음 | 324쪽 | 값 17,000원

진실과 거짓, 인물 한국사
하성환 지음 | 400쪽 | 값 18,000원

다시, 독립의 기억을 걷다
노성태 지음 | 320쪽 | 값 16,000원

우리 역사에서 사라진 근현대 인물 한국사
하성환 지음 | 296쪽 | 값 18,000원

한국사 리뷰
김은석 지음 | 244쪽 | 값 15,000원

꼬물꼬물 거꾸로 역사수업
역모자들 지음 | 436쪽 | 값 23,000원

경남의 기억을 걷다
류형진 외 지음 | 564쪽 | 값 28,000원

▶ 더불어 사는 정의로운 세상을 여는 인문사회과학
사람의 존엄과 평등의 가치를 배운다

밥상혁명
강양구·강이현 지음 | 298쪽 | 값 13,800원

좌우지간 인권이다
안경환 지음 | 288쪽 | 값 13,000원

도덕 교과서 무엇이 문제인가?
김대용 지음 | 272쪽 | 값 14,000원

민주시민교육
심성보 지음 | 544쪽 | 값 25,000원

자율주의와 진보교육
조엘 스프링 지음 | 심성보 옮김 | 320쪽 | 값 15,000원

민주시민을 위한 도덕교육
심성보 지음 | 500쪽 | 값 25,000원
2015 세종도서 학술부문

민주화 이후의 공동체 교육
심성보 지음 | 392쪽 | 값 15,000원
2009 문화체육관광부 우수학술도서

교과서 밖에서 배우는 인문학 공부
정은교 지음 | 280쪽 | 값 13,000원

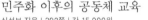
갈등을 넘어 협력 사회로
이창언·오수길·유문종·신윤관 지음 | 280쪽 | 값 15,000원

오래된 미래교육
정재걸 지음 | 392쪽 | 값 18,000원

동양사상과 마음교육
정재걸 외 지음 | 356쪽 | 값 16,000원
2015 세종도서 학술부문

대한민국 의료혁명
전국보건의료산업노동조합 엮음 | 548쪽 | 값 25,000원

교과서 밖에서 배우는 철학 공부
정은교 지음 | 280쪽 | 값 14,000원

교과서 밖에서 배우는 고전 공부
정은교 지음 | 288쪽 | 값 14,000원

교과서 밖에서 배우는 사회 공부
정은교 지음 | 304쪽 | 값 15,000원

전체 안의 전체 사고 속의 사고
김우창의 인문학을 읽다
현광일 지음 | 320쪽 | 값 15,000원

교과서 밖에서 배우는 윤리 공부
정은교 지음 | 292쪽 | 값 15,000원

카스트로, 종교를 말하다
피델 카스트로·프레이 베토 대담 | 조세종 옮김
420쪽 | 값 21,000원

한글 혁명
김슬옹 지음 | 388쪽 | 값 18,000원

일제강점기 한국철학
이태우 지음 | 448쪽 | 값 25,000원

우리 안의 미래교육
정재걸 지음 | 484쪽 | 값 25,000원

한국 교육 제4의 길을 찾다
이길상 지음 | 400쪽 | 값 21,000원

왜 그는 한국으로 돌아왔는가?
황선준 지음 | 364쪽 | 값 17,000원

마을교육공동체 생태적 의미와 실천
김용련 지음 | 256쪽 | 값 15,000원

▶ 평화샘 프로젝트 매뉴얼 시리즈
학교폭력에 대한 근본적인 예방과 대책을 찾는다

학교폭력 어떻게 만들어지는가
문재현 외 지음 | 300쪽 | 값 14,000원

아이들을 살리는 동네
문재현·신동명·김수동 지음 | 204쪽 | 값 10,000원

학교폭력, 멈춰!
문재현 외 지음 | 348쪽 | 값 15,000원

평화! 행복한 학교의 시작
문재현 외 지음 | 252쪽 | 값 12,000원

왕따, 이렇게 해결할 수 있다
문재현 외 지음 | 236쪽 | 값 12,000원

마을에 배움의 길이 있다
문재현 지음 | 208쪽 | 값 10,000원

젊은 부모를 위한 백만 년의 육아 슬기
문재현 지음 | 248쪽 | 값 13,000원

별자리, 인류의 이야기 주머니
문재현·문한뫼 지음 | 444쪽 | 값 20,000원

우리는 마을에 산다
유양우·신동명·김수동·문재현 지음 | 312쪽 | 값 15,000원

동생아, 우리 뭐 하고 놀까?
문재현 외 지음 | 280쪽 | 값 15,000원

누가, 학교폭력 해결을 가로막는가?
문재현 외 지음 | 312쪽 | 값 15,000원

▶ 남북이 하나 되는 두물머리 평화교육
분단 극복을 위한 치열한 배움과 실천을 만나다

10년 후 통일
정동영·지승호 지음 | 328쪽 | 값 15,000원

선생님, 통일이 뭐예요?
정경호 지음 | 252쪽 | 값 13,000원

분단시대의 통일교육
성래운 지음 | 428쪽 | 값 18,000원

김창환 교수의 DMZ 지리 이야기
김창환 지음 | 264쪽 | 값 15,000원

한반도 평화교육 어떻게 할 것인가
이기범 외 지음 | 252쪽 | 값 15,000원

▶ 창의적인 협력 수업을 지향하는 삶이 있는 국어 교실
우리말 글을 배우며 세상을 배운다

중학교 국어 수업 어떻게 할 것인가?
김미경 지음 | 340쪽 | 값 15,000원

토론의 숲에서 나를 만나다
명혜정 엮음 | 312쪽 | 값 15,000원

토닥토닥 토론해요
명혜정·이명선·조선미 엮음 | 288쪽 | 값 15,000원

인문학의 숲을 거니는 토론 수업
순천국어교사모임 엮음 | 308쪽 | 값 15,000원

어린이와 시
오인태 지음 | 192쪽 | 값 12,000원

수업, 슬로리딩과 함께
박경숙 외 지음 | 268쪽 | 값 15,000원

언어던
정은균 지음 | 268쪽 | 값 15,000원

민촌 이기영 평전
이성렬 지음 | 508쪽 | 값 20,000원